静岡怪談

神　薫

JN047492

竹書房
怪談
文庫

目次

※本書に登場する人物名は様々な事情を考慮して仮名にしてあります。

山梨県
神奈川県
小山町
御殿場市
富士宮市
裾野市
富士市
長泉町
三島市
沼津市
静岡市清水区
清水町
函南町
熱海市
伊豆の国市
静岡市駿河区
伊豆市
伊東市
東伊豆町
西伊豆町
河津町
松崎町
下田市
南伊豆町

静岡県

本州のほぼ中央に位置する人口364万人の県。日本一の霊峰、富士山と海深2500メートルの駿河湾を臨み、山や海など、自然に由来する怪異が多く存在すると言われている。また、東海道が横断しており、人、モノの流通も盛んであるため、それらにまつわる様々な奇譚(忌憚)とも縁深い土地なのである。

おびなめびな（静岡市清水区）

まだ、新型コロナが流行する前のこと。怪談取材のため私が訪ねたのは、静岡市のとあるお宅。現在は〈静岡市清水区《しみず》〉だが合併前は〈清水市〉と呼ばれた、サッカーや清水次郎長《しみずのじろちょう》で有名な地域だ。

メールを下さった長谷川瑠奈さんによると、彼女の家には代々伝わる変わったお雛様《ひな》があるという。件《くだん》のお雛様を早速見せてもらうことにした。

「これが、うちのお雛様です」

ガラスケースの中には緋毛氈《ひもうせん》が敷かれ、一対の男女の雛人形が鎮座《ちんざ》していた。

繊細な筆運びで描かれた人形の顔や調度品の手の込んだ細工を見るに、大量生産品ではないだろう。名のある人形作家の手がけた品のようだが、製作当初の箱は紛失してしまい、詳細は不明とのこと。

「このお雛様に悪口言うと、面白いことが起きるんですよ！」

瑠奈さんはいきなり、「ブス、ブサイクー」と人形を罵倒《ばとう》した。

得意げな表情の瑠奈さんだったが、お菊人形のように髪が伸びるのでもなく、生き人形の如く表情が恐ろしげに変わるのでもない。

しばらく待っていても、彼女が抱える雛人形には何の変化も見てとれなかった。整然とガラスケースに収まっているお雛様は、古くて仕立ての良いただの人形にすぎない。

「あっ、ダメだ。私が持ってちゃ、わかりませんよね？　もう一回いきます」

そう言うと、瑠奈さんは私に人形の入ったケースを差し出してきた。

戸惑《とまど》いながらもケースを受け取ると、人形二体ゆえに重さはそれほどでもない。

それなりに価値のある品を持たされていると思うと、ガラスケースを持つ手にじわりと汗が滲《にじ》んだ。

「やーいブサイク、あんたはブス！」

瑠奈さんが女雛を指さして嘲《あざけ》るのと同時に、ガラスケースを持つ私の手が〈くっ〉と下に引かれたように重くなった。

「今のはウソ。美人、美人！」

今度は瑠奈さんが褒《ほ》め称えると、ガラスケースは〈ふっ〉と元の重さに戻った。

ケースの中にあるのは緋毛氈に載った人形二体のみだ。とくに、人形やケースの中に重量を変えるからくりが内蔵されているようには見えない。

「悪口を言うと重くなる、褒めると軽くなる。これがうちのお雛様のすごいところです」

長谷川家の人々がいつからこのお雛様を所有しているのか、また、罵倒すると重量が変化することにいつどうやって気づいたのかは定かではない。

瑠奈さんのお母様にも尋ねてみたが、人形の来歴はわかっていないという。

「私の祖母はもう亡くなっていますが、祖母が若いころからもうお雛様は長谷川家にあったようです」


そんな取材から早くも三年が過ぎてしまった。

改めて「本書に掲載したいので、雛人形の写真をメール添付で送っていただけませんか?」と瑠奈さんにメールしたところ、返事はこなかった。前回の取材から時間が経ちすぎているし、持ち主が嫌ならば諦めるしかあるまい。

この件を保留にして一ヶ月後、瑠奈さんのメールアドレスから返事が届いた。そのメールは「瑠奈の母ですが」で始まり、「もう人形は手元にないので、リクエストには応じられません」とあった。私の取材直後、長谷川一家は雛人形を手放すことに決め、既に寺に奉納したのだという。雛人形を家宝だと言って自慢していた瑠奈さんが、何故？　手放すに至った理由については教えていただけなかった。

結局、瑠奈さんご本人とは連絡が取れずじまいであった。彼女の身に、何か不幸があったのでなければ良いが……。

雛人形は彼女の母親が知人に預けて寺に奉納してもらったそうで、奉納先については静岡県西部の寺ということしかわかっていない。

雛人形を瑠奈さんの家族以外の人間に見せるのは私が初めてのことだった。取材のせいで何か雛人形に良くない変化が起きたのだとしたら、申し訳ない。


静岡県内には人形供養を受け付けている寺社が複数あるが、人形の奉納先として高名なのは可睡斎《かすいさい》である。可睡斎は静岡県袋井《ふくろい》市にあり、室町時代に開山された古刹《こさつ》。庭園に咲く牡丹や百合の美しさで人気の観光スポットだ。

二〇二一年には供養済の人形二千体以上を観覧できる「可睡ひなまつり」を開催したことで知られる。次回、可睡ひなまつりが開催されるのなら、瑠奈さんの人形があるかどうか確認したいところだ。

五十三歳　（浜松市東区有玉《ありたま》）

先祖代々、浜松に住む水野さんの家系は呪われているという。

水野家本家の長男は、五十三歳になると必ず悲劇に見舞われるのだ。

「一晩で、両目ともに失明するの。そんで、目が潰れる前にみんな同じ夢を見るんだ」

五十三歳の誕生日を迎えた夜、水野家の長男は夢を見る。

その夢では、見える景色や身体の感覚がはっきりとしていて実にリアルだという。

夢の中で長男が水辺のほとりに佇《たたず》んでいると、背後に一人の女性がいることに気づく。

その女性は、穏やかな微笑《ほほえ》みを浮かべている。

長男が微笑み返すと、不意に女性が彼の右目を撫でる。

直後、右の視界が闇に包まれる。

次に、女性は長男の左目に優しく触れる。

たちまち左目にも暗黒が広がり、夢から覚めても、長男の両眼に二度と光が戻ることはない。

そんな夢の内容を、水野さんは五十三歳になりたての父親から直に聞いた。

水野さんの父親は五十三歳のときに失明したが、眼科に行っても「原因不明だが網膜が機能停止している」と言われ、病名もつかなければ治療方法もなかった。

必ず失明するとわかっていて、五十三歳を迎えることは恐ろしくないのだろうか。

そう尋ねると、水野さんは数秒目を閉じてからこう答えた。

「そりゃあ、怖くないって言っちゃあ嘘になるけども、命までとられるわけじゃないしね。あと、こりゃウチの（水野さんの奥さん）には秘密っつうか、言ってないんだけども……」

五十三歳の誕生日の夢に出てくる女性は、絶世の美女なのだという。

夢に訪《おとな》う女性の年の頃は二十代前半くらい。純白に煌《きら》めく正絹《しょうけん》の着物をまとった美女が、しっとりと艶《つや》めく豊かな黒髪を揺らしつつ、長男に歩み寄ってくるのだとか。

水野さんも、光を失った父親がこう漏らすのを聞いたことがある。

「見えないのは不便だけどもなあ、目を撫でたときの女のこの上なく幸せそうな顔。あれがなんともハァ綺麗でなあ、それがこの目に焼き付いて宿っているから、あんまり寂しくはないんだ」

そんな父親が七十九歳にして肺炎で亡くなったのは、昨年のことだ。

水野さんは今年、五十一歳の誕生日を迎える。夢を見る日まで、残り二年だ。

とくに先祖による記録も残っていないため、水野さん一家にとって、その美女がどういう存在なのかは不明である。

「不謹慎かもしれんけど、夢を見るのが楽しみなところもある。夢の女の顔を見てみたい気持ちもあるし、なんで俺ら一家の目玉を狙うのか、出来たら女に訊いてみたいんだ」

気丈な振る舞いを見せる水野さんであった。

白い糸が呼ぶ　（静岡市葵区沓谷）

　土屋さんが子供のころ、近所の公園に遊びに行くと、いつも白い糸が足にまとわりついてきたという。

「蜘蛛の糸を撚《よ》り合わせてタコ糸くらいの太さにしたみたいな、ねばねばした一本の白い糸なんです。その糸は僕だけに絡んで、他の子達にはくっつかないようでした」

　望月さんは友人に足に絡む糸について訊いたことがあったが、誰もが「公園で糸など見たことがない」「知らない」「わからない」などと答えた。

「白い糸はどうやら、僕にしか見えてなかったみたいで……どんなに避けても、しつこく絡みついてくるんですね」

　皆と追いかけっこをしていても、ねばねばと足に絡まる糸が気になり、振りほどいているうちに鬼に捕まってしまう。

　そんな毎日に、土屋さんは糸への煩《わずら》わしさが募るばかりだった。

　何故、糸は自分の足にだけ絡まるのか。そもそも、糸は何処《どこ》から出ているのか。

「一度、白い糸が何処から出ているのか徹底的に調べようと思ったんです」

その日、土屋さんは友人の誘いを断って、一人きりで公園の糸をたぐってみることにした。

足にまといつく糸を手で拾い上げては巻き取って進んでいく。一本の白い糸は細く頼りないのに、終わりが見えないほどの長さがあった。

恐ろしく長い糸をたどるうち、木々生い茂る公園の奥へと入っていた。

慰霊碑や忠霊塔を通り過ぎると、草むらに墓地が広がっていた。

「そこまで来て、やっと糸の出どころがわかりました。一つのお墓の根元から、白い糸が出ていたんです」

糸の起点に着いたとき、手に巻き取った白い糸は彼の拳骨《げんこつ》ほどの大きさとなっていた。

土屋さんにだけ見える白い糸は、苔《こけ》むした古い墓から伸びて、公園で遊ぶ彼の足に絡みついていたようだ。

墓を調べようと、彼がおそるおそる足を踏み出したときだった。墓の真下にある土の中から、何本もの白い糸が次々うねり出てきた。

波打つ白い糸は、土屋さんの来訪を歓迎するかのように瞬《また》き、清冽《せいれつ》な白い光を放っている。

「その白い光があまりにも綺麗すぎて、背筋がゾッとしたんです」

糸からの光の瞬きのリズムが、自らの瞬《まばた》きの間隔と一致していることに気づいた瞬間、土屋さんは〈見られている〉と感じた。

何者かの視線が、墓の辺りから注がれている。墓からなのか地中からなのか判然としないが、何者かが糸を通じてこちらを見ている。

手に巻いていた糸を墓めがけて放り捨てると、彼は一目散に逃げ帰った。

以来、土屋さんは成人した現在に至るまで、その公園に足を運んではいない。

「ネットで調べてもそんな噂、出てこないので、本当に僕だけに見えていたようです」

なぜ、白い糸は土屋さんだけに見え、彼にのみ、まといついたのか。その墓所にはもしかして、土屋さんの血縁者が葬られているのだろうか。

そんな推論を話してみたが、土屋さんには確かめる気はないし、今後子供が生まれたとしても件の公園では遊ばせないつもりだそうだ。

土屋さんが白い糸を見た公園は、静岡市葵区沓谷《くつのや》にある「旧静岡陸軍墓地公園」だという。

明治三十年頃に作られ、日露戦争から第二次世界大戦に至るまでの戦死者・病没者の眠る旧大日本帝国陸軍墓地だ。

春には桜が咲き誇るこの公園は住宅地からもほど近く、犬を散歩させる人があったり、ゲートボール大会が開催されるなど、地元民から親しまれている。

その一方で、公園の奥に位置する墓所は木々に包まれ、喧騒《けんそう》と無縁の静謐《せいひつ》空間となっている。

黒田家の怪異　（菊川市）

静岡県西部、菊川《きくがわ》市出身の黒田華子さんは、奇怪な体験をお持ちのうら若き女性である。今回、静岡の怪談を取材するにあたり、その幾つかを披露していただいた。


一つ目は、華子さんの記憶にまつわる体験だ。

幼いころ、彼女は毎週日曜日になると、両親とドライブに出かけていた。

その日がいつもと少し違っていたのは、後部座席が定位置だった彼女が、この日は珍しく助手席に座らせてもらったことだ。

車の運転席に父親、後部座席には母親が乗っていた。

麗《うら》らかに晴れた日曜の午後、少し開けた助手席の窓からは澄み切った秋の空気が流れ込んでくる。トンボ舞う自然豊かな菊川の秋を満喫しているとき、華子さんの脳裏に鮮明な映像が浮かんできた。

「ずっと前に車に乗ってたとき、この道で窓からハチが入ってきて大変だったよね！」

華子さんの言葉に、両親は揃って怪訝《けげん》な表情を浮かべた。

「ママ、そのこと華子に話したか？」

「話してないよ！　それ、他の人に話したことないもの」

映画のように頭に流れる鮮明な記憶を、滔々《とうとう》と華子さんは語った。

助手席の細く開けた窓から、吸い込まれるようにして一匹のミツバチが車内に入り込んだこと。虫嫌いな母親が絹を裂くような悲鳴を上げたこと。父親が運転席側の窓を開けたけれど、ハチはなかなか出て行かずに母親の顔の周りを飛び回っていたこと。路肩に車を停めて、ドアを開け放ったらようやくハチが出て行ったこと。虫嫌いなのに〈殺さずに済んで良かった〉と母親が泣き笑いしていたこと。

一連の出来事を話し終えても、両親は首をかしげるばかりであった。

「でも、ママもパパも、ハチに刺されなくて良かったよね！」

微笑む華子さんに、母親が不安そうに尋ねる。

「それ、まだ、あなたが生まれる前のことなんだけど。家族にも、誰にも話したことないのに……どうして知ってるの？」

そんなことを言われても、両親の思い出が華子さんの記憶にあるのだから仕方がない。

「まだ結婚前でしたが、ドライブデートのときには母のおなかに私がいたんだそうです。そうすると、私はどこから両親を見てたんでしょうか?　おなかの中の私、お臍《へそ》の穴から外を覗いていたのかも。それとも、私はそのハチの生まれ変わりだったりして?」

おどけて舌を出す華子さんだったが、彼女の映像記憶の中の視点は、母親のそれと一致している。

ドライブのいっとき、胎児と母親の視覚が共有される奇跡が車中で起きていたのだろうか。

もう一つの怪異は代々、黒田家に言い伝えられてきた〈青い紐《ひも》〉についてである。

華子さんが中学生のころ、父方の祖母が持病の悪化により入院した。

祖母を元気づけようと、彼女は父親と共に病院へ見舞いに行くことにした。

父娘はナースステーションに断ってから祖母のいる個室へ向かった。様子を見やすいようにするためか、日中の病院で祖母のいる部屋の扉は半開きになっていた。

長年農業に従事していてたくましかった祖母が、病院のベッドの上だとかよわげに縮んで見えて、華子さんは少し悲しくなった。

「大丈夫、あたしはもうちょっと保《も》ちそうだ。まだ青い紐が見えないからねえ」

横になったまま、ひらひらと祖母が天井に向けて手を振ってみせると、父親は苦い表情を浮かべていた。

「今日は子供らが多くて賑やかいね、三人もいるのね。まあ、赤いおべべが綺麗だこと！あんた達もあの子の服、褒めてあげなねぇ」

病室の半開きになった扉の向こう、誰もいない廊下に向けて祖母はニコニコしていた。

「入院したら、環境が激変したので祖母は惚《ぼ》けちゃったのかしら？と思ったんだけど、それよりも、父があからさまにおどおどしてた方が私は気になっちゃって」

病院からの帰り道、車中で華子さんは父親に尋ねた。

「お父さん、〈青い紐〉って何？それと、赤い服の子だとか、子供が三人いるとかおばあちゃん言ってたけど、あそこにいた子供は私だけだったよね？」

華子さんの一つ目の質問に、父親は「まだ早すぎて華子に教えるつもりはなかったが、そのうちわかるよ」と言った。

そして、二つ目の質問に対し、父親は意外な告白をした。

「赤い服の子はたぶん、お父さんのお姉さんだ」

「えっ？　お父さんのお姉さんなら、子供じゃなくておばさんのはずでしょう」

「お父さんのお姉さんは幼くして病気で亡くなったんだが、赤色がお気に入りで、よく赤い服を着ていたんだ」

「じゃ、赤い服の子は幽霊ってこと？　おばあちゃんの言ってた三人の子供って、私と、お父さんのお姉さんと、誰なの？」

「あと一人は、お父さんの弟だろう。小さいころ交通事故で亡くなったんだが、二人はうちの庭に埋まっているからな」

お父さんの発言に、華子さんはショックを受けた。

「うちの……庭に二人、子供が埋まってるの？」

「お父さんの姉弟《きょうだい》二人、うちの庭に一緒に眠っているんだ」

父親は運転しながらも、優しい目をしていた。

「おばあちゃんは、二人のお母さんだからなあ。入院した母親に会いたくなって、見舞いに行く俺らについて来たんだろう」

華子さんの自宅の庭には、芝生の隅にぽつねんと大小二つの黒い石が置いてある。

もしかして、あの庭石が父親の姉と弟の墓碑《ぼひ》だったのか。

そういえば幼いころ、庭の石に腰掛けたら、「座るんじゃない！」と父親に怒られた。あれは、お墓だったからか。

姉弟の遺体は火葬したのかと尋ねると、父親は首を横に振った。

「えーっ、全然知らなかった。庭に遺体が二体、土葬されてたなんて……」

父親の打ち明け話を聞いてからというもの、華子さんは実家の庭に長居しないようになったそうだ。

人が死亡したら遺体を火葬し、焼かれた遺骨を墓に保管するのが一般的な埋葬の手順である。意外なことに、現代であっても土葬は違法ではない（むろん、法律で指定された感染症により死亡した遺体については火葬が義務付けられるため、この限りではない。また、条例で土葬を禁止している土地や、土葬お断りの寺や霊園などもある）。

昭和二十三年に墓地と埋葬に関する法律「墓埋法《ぼまい》」が制定されたが、それ以前から存在する墓地も当然ある。そこで、古い墓地も墓埋法に準拠したものとみなす、「みなし墓地」として扱ったのである。黒田家のように自宅の敷地内に家族を埋葬していても、墓埋法以前からの先祖代々が眠るみなし墓地であれば合法なのである。

ただ、みなし墓地であっても、一族以外の者を埋葬してはならないなどの制約はあり、誰でも自由に死体を埋めて良いわけではない。

「土葬の話をしてたら、父がちょっと挙動不審で……うちの庭、法律的にグレーかもしれないです」

聞けば、黒田家の庭に眠っているのはどういうわけか父親の姉弟二人だけで、先祖代々の墓地ではなさそうだ。

「そういうわけなので、うちの詳しい住所はぼかしといて下さい」

と、私に念を押す華子さんであった。


もう一つの華子さんの疑問については、父親の「そのうちにわかる」という予言の通り、祖母の臨終の際に明らかとなった。

死が間近に迫った折に、やたらと祖母が青い紐の話をしたのである。

「また、天井から青い紐が下がって来たよ……つかんでも良いだろ？　あたし、もう楽になりたいんだよ」

その度に、「ダメだ！」と祖母を一喝していた父親だったが、数日後、ついに祖母は逝った。祖母の最期の言葉は、「青い紐……」であった。

親戚への連絡やら葬儀の手配やらに追われる母親を後目《しりめ》に、父親はそっと華子さんに囁《ささや》いた。

「おばあちゃんが言ってたの、聞いてたろ？　黒田家の者は死ぬ間際、頭上から青い紐が迎えに来るんだよ」

続けて父親はこうも言った。

「青い紐は、死期の近い者だけにしか見えない。もし、青い紐を握ればじきに死んでしまうが、紐さえ握らないでいれば、暫くは死ぬことはない」

だから、「死に瀕《ひん》した家族が青い紐を握りたがっても、できるだけ握るのを先送りにするよう仕向けなければならない」のだと父親は語った。

祖母の死から十年以上が過ぎ、社会人となった華子さんに彼氏ができた。

交際当初、彼はブラック企業に勤めていた。

「彼、サービス残業三昧《ざんまい》で、なかなかデートの時間も取れなかったんです」

ある日、仕事を終えた彼が深夜になって華子さんのマンションに転がり込んできた。

靴を脱ぐなり風呂にも入らず、リビングルームの炬燵《こたつ》でうたた寝を始める彼。

可哀想に、激務で疲れているんだな。少し寝かせてあげよう。

華子さんが仰向けで眠る彼の寝顔を眺めているときだった。

幸せそうに微笑んだ彼が、一言、寝言を呟いたのだ。

「青いリボン……」と。

華子さんの脳裏に父から告げられた「黒田家の言い伝え」がよぎった。

祖母は死ぬ前、再三にわたって「青い紐が来た」と口にしていた。

ということは、彼は今、死にかけている⁉

慌てて彼を揺り起こすと、彼女はいきなり罵倒《ばとう》された。

「何すんだよ、幸せになれる青いリボンを、もう少しでつかめそうだったのに！」

渋る彼をなんとか説き伏せ、仕事を休ませた翌日のこと。

朝一で彼を病院に受診させたところ、重大な疾患が見つかった。度重なる過労と日々の不摂生が原因の病気であった。

検査結果を見た医師から「いつ死んでもおかしくない状態、生きているのが不思議」とまで言われた彼は、そのまま入院する羽目になった。

知らぬ間に死にかけていた彼にとって、華子さんは命の恩人に違いない。

二人のその後を伺ったところ、華子さんは気まずそうに「もう別れました」と答えた。ブラック企業を辞めた後、彼は再就職が難航、静岡を出て東京に一旗揚げに行くと言い出した。そのころから華子さんと彼のすれ違いが多くなり、二人で話し合って別れることに決めたのだという。

「青いリボンが見えたってことは、彼は私の伴侶として、黒田家の一員になるお墨付きをうちのご先祖様からもらえてたんですけどね」

別れ話では、彼の方が関係の解消に積極的であったという。もしかすると彼は、黒田家に伝わる「青い紐伝説」のことが少し怖かったのかもしれない。

その後、華子さんは別の男性と結婚し、静岡県内で幸せに暮らしている。

元彼についてはいまだに独身らしいと先日、風の便りで聞いたという。

夜泣き石に呼ばれる　（菊川市から掛川市佐夜鹿）

前話に続いて、菊川市出身の黒田華子さんの体験である。

「免許取りたてのころ一時期、私の車のカーナビがおかしくなったんです」

華子さんが愛車に乗るたびに、設定してもいないのに、ナビに目的地を示す赤い印が表示され、決まって同じ音声が流れたのだという。

「ナビがしょっちゅう、『夜泣き石まで、何メートル』とか言うんですよ。〈夜泣き石〉の名前くらいは知ってますけど私は興味なかったので、目的地にしたことなかったのに」

車は新車、設置したカーナビも新品で購入した物だ。

何故、夜泣き石に目的地を固定するエラーが起きるのか、思い当たる節はなかった。

「当時交際していた、あの青いリボンを見ちゃった彼とまだ仲良かったころ、彼の車でデートしたときにも、乗ったらすぐにこれですもん」

『夜泣き石まで、この先五百メートルです』

彼の車の助手席で、そんな女性の声のナビゲーションを聞いた華子さんは、思わず悲鳴を上げた。

「彼が知ってて私を驚かせようとしたのかと思いましたけど、あり得ないんです。私、ナビの異常のことは誰にも話してなかったんですね」

　彼の車でもカーナビから同じ案内が聞こえてくるとは、いかな気丈な彼女であっても背筋がうすら寒くなったという。

「そのとき私、嫌なことに気づいちゃったんですよ」

　彼女の車に搭載したカーナビは、目的地を設定すると、『目的地まで××メートルです』とは言うが、『夜泣き石まで××メートルです』などと目的地を具体的には読まない（中には観光地の名前を読むカーナビもあるが、彼女のナビはそのタイプではなかった）。

　何か奇妙なことが、自分の身に起きている。

　あれこれ悩むよりも、華子さんはさっさとケリをつけることにした。

「なんだか知らないけど、ナビしてくれるなら行ってやろうじゃん！　と思って」

　彼女は女友達の新海さんを誘い、初めてカーナビの行き先に従って夜泣き石へと車を出発させた。

「もちろん、新海さんには前もって、このドライブの目的を話してありました」

華子さんが家から暫く車を流したところで、いつものようにナビゲーションが流れた。

『夜泣き石まで、この先五百メートルです』

青ざめたのは、車の後部座席に座った新海さんである。

「えっ、まさか本当だと思わなかった！　嫌だぁ！」

後部座席でパニックになり、叫び出す新海さん。

『夜泣き石まで、次の信号を左折です』

華子さんはナビに従い、淡々とハンドルを切っていく。

「やだやだやだ！　怖い怖い怖い！」

泣きそうな新海さんに後ろからすがりつかれたが、華子さんは〈新海ったら、爪が伸びてるから私の首に当たると痛いじゃない〉などと、冷静に状況を把握していた。

『夜泣き石まで、この先百メートルです』

『夜泣き石まで、この先十メートルです』

『夜泣き石に、到着しました』

フロントガラスの向こうは沈みかけた夕日に照らされ、小さな祠《ほこら》ぴったりに納まった夜泣き石が見えた。

「ふぅん、これがそうなのかって確認して、すぐ帰りましたよ。実際に石を見て、何か特別な感情が湧くということもなかったんで」

帰路、カーナビは正常に作動したので、華子さんは新海さんを家まで送り届けたのち、無事に帰宅することができた。

その日以降、カーナビが『夜泣き石』というフレーズを口にすることはなくなった。

「どうして私が夜泣き石に招かれていたのかわからないですけど、呼んだ方も一回行ったんだから、満足したんじゃないですかね？」

人生には一つくらい謎があった方がいいから、わからないことがあったっていいんです、と華子さんは言う。


カーナビが連呼していた「夜泣き石」は遠州《えんしゅう》七不思議の一つに数えられ、静岡県掛川市佐夜鹿《さよしか》の、小夜《さよ》の中山峠に現存する石である。重さ一一二五キロとかなりの重量のある石は観光名所でもあり、祠に祀《まつ》られている。

小夜の中山峠における夜泣き石伝説は、以下の通りである。

その昔、小夜の中山峠に〈お石〉という女が住んでいた。お石は臨月の妊婦であった。ある日、身重ながら用事で菊川へ赴いたお石は、帰り道の中山峠で強盗に襲われる。お石が斬られた際、傍にあった石に当たって賊の刀の刃が零《こぼ》れた。腹の創《きず》から赤子は救出されたが、お石の命は助からなかった。お石の無念がその石に宿り、夜になると泣くようになったという。

夜泣き石と呼ばれる岩石は日本各地に存在する。小夜の中山峠のように夜泣く石もあれば、詣でると赤子の夜泣きを止める霊験あらたかな石もあるとか。

小夜の中山峠の夜泣き石伝説にも諸説あり、お石の死体から赤子がまろび出た際に辺りに誰もおらず、お石の霊は赤子の存在を近くの久延寺《きゅうえんじ》の和尚に気づいてもらうために石に乗り移って大声で泣いたのだとも言われている。その後、お石の遺児は刀鍛冶となり、石を斬った際の特徴的な刀の刃零れから、母の仇を見つけて成敗したという話もある。

また、遺児を育てた寺では乳の出る女性がおらず、乳の替わりに赤子に与えた水あめを商品化したものが〈子育て飴〉であるともいう。

幽霊の母が死してから子を産み落とし、生ける赤子のために飴を求めた〈子育て飴〉伝説も、夜泣き石同様に全国各地に存在するが、小夜の中山峠では乳母の不在を理由に飴を作ったといわれているのが面白い。

華子さんには夭折《ようせつ》した伯父と伯母が憑いているらしい。ならば、その二人のどちらか、もしくは二人ともが、夜泣き石に用事があったとは考えられないだろうか。また、夜泣き石伝説の元になった女性、お石は掛川から菊川へ出かけた帰りに盗賊に襲われている。掛川市と菊川市は隣り合っているが、夜泣き石まで何者かに呼び出された華子さんが菊川市出身であることに何か隠された意味があるのかもしれない。

いずれにせよ、彼女を夜泣き石に誘《いざな》った者の目的は済んだらしいので、これ以上の詮索はやめておこう。

旧東海道の宿場、金谷宿と日坂宿の間にある小夜の中山峠は急峻《きゅうしゅん》な坂が続くなど、鈴鹿《すずか》峠・箱根《はこね》峠と並んで、かつては東海道三大難所の一つであった。

現在、観光地として整備された小夜の中山峠には難所の面影はなく、風光明媚《めいび》なハイキングコースとして人々に愛されている。

冷えない冷蔵庫　(焼津《やいづ》市)

〈霊能力がある〉という人の方が、多くの怪奇体験する傾向にあるだろう。だが、霊などないと信じている人にも、怪異は予告なく降りかかる。

次に紹介するのは、三十代半ばまで心霊オカルトに全く縁のなかった男性、仁さんの体験だ。

二〇二一年の三月下旬、仁さんがそのアパートを借りようと思ったのは、市内で一番家賃が安いからだった。

「賃貸物件サイトをはしごして探したんだ。駅から徒歩十分以内、1Kバストイレ付きで家賃が二万円切るんだもの、掘り出し物でしょ」

物件を管理している不動産屋に問い合わせると、現在空き部屋なのですぐに内見できるという。善は急げとばかり、彼は即日そのアパートを見に行った。

玄関に備え付けの小さな靴箱があり、部屋に入るとバス、キッチン、トイレがあり、一番奥が十畳のロフト付き洋室となっていた。

「二階なのも防犯上安心だし、ロフトがあって空間が広く使えそうでね。俺は賃貸によくあるユニットバスが好きじゃないんだが、そこは風呂トイレがセパレート仕様で気に入った」

乗り気になった仁さんが契約を交わすとき、不動産屋から妙な説明を受けた。

「キッチンの流しの下に冷蔵庫がありますが、使えないのでそのままにしといて下さい」

内見の際にキッチンはもちろん見たが、コンロの火口が二つあるのを確認しただけだった。流しの下の開き戸の中に、小さな冷蔵庫があるのだと不動産屋は言う。

「キッチンのシンクの下なんかどうせ空だと思って、わざわざ開けてみなかったよ」

冷蔵庫は壊れているのか問うと、不動産屋は「使えないんです」と答えるのみだった。

「使えない冷蔵庫なんて、置いとくだけでかさばってしまう。調味料とか食材をそのスペースにストックしたいから、冷蔵庫はそちらで引き取って処分しといてもらえないだろうか？」

仁さんがそう頼んでも、不動産屋は「冷蔵庫を部屋の外に出すのは禁止です」と、けんもほろろであった。

家具付きが売りのアパートでもないので、ワンルームのリビングは絨毯《じゅうたん》が敷いてあるだけの何もない空間であった。なのに何故、キッチンに使用不可の小型冷蔵庫が設置されているのだろう。

「とにかく、ワンルームだから少しのスペースも無駄にしたくなかったのよ。だから、冷えない冷蔵庫でも有効活用できないか？　と考えて、〈じゃあ、冷蔵庫を物入れにしようかな〉と言ってみたら」

「冷蔵庫の扉は開かないようになっています。そのまま置いておくように願います」

たかが廃冷蔵庫一つで、住人の希望を頑《かたく》なに拒絶するのは何故なのか。そんな疑問を不動産屋にぶつけても、「決まりですのでお願いします」と繰り返すのみだった。

「そのとき、なんだかあちらの歯切れが悪いっていうか、おかしいなぁと思ったけど。なにしろ安いし駅近だし、いろんな条件が都合良かったから契約することにしたのよ」

契約書の空欄を埋めて判子をつき、鍵の変更代や入居前の清掃費などの諸費用を払うと、その部屋は仁さんの新居となった。

不動産屋によれば、その部屋には廃冷蔵庫に加え、もう一つの注意事項があるという。

「〈必ずロフトに布団を敷いて寝てくれ〉っていうの。ワンルームには絨毯が敷いてあるんだけど、そこにベッドを置くと絨毯に跡がつくとかで」

二階の部屋ゆえ屋根の直下で気温の影響を受けやすく、夏は暑くて冬は寒いロフトは、あまり寝室として過ごしやすくはないだろう。それに、ものぐさな気質の仁さんは、ロフトの細いはしごを毎日上り下りしたくなかった。

「ロフトは寝床じゃなくて物置に使うつもりでね。それに、夜にトイレに起きるときなんか寝ぼけてるもの、あんな細いはしごを伝って落っこちたら危ないじゃない。まあ、家の中を監視されてるわけじゃないし、黙ってりゃ向こうにはわかんないから、不動産屋には〈ハイ、ハイ〉って言っといたわ」

鍵をもらった仁さんがまずその部屋で行ったのは、キッチンにあるという廃冷蔵庫の確認だった。

シンク下の扉を開けると、右にS字型に湾曲した排水管、左の空間には白い立方体の家電が鎮座ましましていた。冷蔵庫のコンセントはどこにも接続されずにだらりとのびている。

「1ドアタイプの小型冷蔵庫。上の面にスリ傷が付いていたから、中古なんだろうな」

異様だったのは、冷蔵庫が開かないように側面すべてにガムテープがぐるぐる巻きにされていたことだった。ガムテープに黒々と書かれた文字を視認したとき、思わず仁さんはぞっとした。

「それまでは、不動産屋からああ言われたけども、こっそり開けてもいいんじゃないかと思っていたんだ。でも、ガムテに書かれた文字を見たら綺麗にその気が失せたわ」

冷蔵庫の正面にあたるガムテープに黒いマジックで〈さわらないで下さい　使用禁止〉と書かれていた。

シンク下の扉を閉めて、仁さんは絨毯敷きの部屋に向き直った。

内見のときは家具がないので広く見えた十畳ほどの部屋も、衣装ケース、ちゃぶ台や座布団などを置くと案外余裕が無さそうだ。

「前の住人がおいていったエアコンがあったんで、買わなくて済んで助かったな。転居の際に買い替えることにしたテレビとか、2ドアタイプの冷蔵庫が一週間後に一気に届く予定だったんで、一人でのんびり旧居と新居を行き来して荷物を運んだんだ」

仁さんの旧居は、新居と同じ市内の実家である。両親の住む実家から持っていく家電や家具は最小限にしていたため、業者を使わずとも引っ越しが可能であった。

新居で眠る初日のこと、仁さんは絨毯の上に実家から持ってきた布団を敷くとき、絨毯をまじまじと見て気づいた。

「不動産屋の奴、ベッドは絨毯に跡がつくからダメとか言っていたけど、前の住人が残した何かの家具の跡が、絨毯にくっきりついてやがんの」

住人が入れ替わったというのに、絨毯は交換されずそのままであった。他人の生活の痕跡残る絨毯の上で寝るのは少し嫌な気分がしたが、気を取り直してシャワーを浴びると彼は布団に横たわった。

引っ越し作業で疲れていたからだろう、すんなり入眠できた。

しかし、彼の安眠を破ったのはあるはずのない騒音だった。

「キッチンの方からさ、冷蔵庫の音がヴーン、ヴーンってするのよ」

仁さんが家電量販店で購入した冷蔵庫は、メーカー取り寄せなのでまだ新居には届いていない。なのに、喧《やかま》しいモーター音が眠りを妨げるほどに唸《うな》りを上げている。

「確かに、聞き慣れた冷蔵庫の音なんだが、あり得ないんだよ。昼見たとき、冷蔵庫の電源は入っていなかったんだから」

では、この絶えず軋《きし》り上げられるような音は何処から出ているんだ？

布団から立ち上がり、キッチンへ通じる扉を開ける。あまり建付けが良くないのか、木製の引き戸はガラガラと音を立てた。

夜中に目覚めてからずっと、ヴーン、ヴーンと規則正しく鳴っていた音がその瞬間、ヴーヴー、ヴッ！　と急に変調して静かになった。

この部屋には冷蔵庫はおろかテレビもレンジもない。あるのはエアコンと壊れた小型冷蔵庫のみだが、三月下旬の静岡は夜も比較的暖かいためエアコンはつけていなかった。

「シャワーは浴びたんで換気扇はつけていたけど、ヴーンって音は換気扇のとは別な音だった。そんな音の出る家電はないはずだから、何か変だなあと思ったね」

初日はそれだけだったが、仁さんは翌日の晩、この部屋に越したことを後悔する羽目になる。

「次の日もまだ家電は届いていなくて、俺はひたすら衣装ケースをロフトへ引き上げる作業をしてたんだ。業者に頼まないで自分だけで荷物を運んでたから、体力的にしんどくてね」

体格の良い仁さんにとって、ロフト備え付けのはしごは幅が狭すぎて頼りなく感じられる。実家から車で運んできた衣装ケース十個以上を一つずつロフトへ積み上げる作業は神経と体力を消費するものだった。

「この日はほんと疲れたから、シャワーじゃなくてお湯を溜めて風呂に浸かったよ」

その晩も、仁さんは異音に眠りを妨げられた。

ヴーン、ヴーンと規則正しい冷蔵庫のモーター音が聞こえる。音の出どころはおそらく、シンク下の右側に置かれている廃冷蔵庫のように思える。

「風呂から出た後、キッチンスペースと洋室を隔てる扉を閉めるのを忘れていたんだ」

ヴーン、ヴーンというモーター音は、確かにシンクの下から聞こえてくる。

仁さんはシンク下に忍び寄り、そっと観音開きの扉に手をかけると、一気に開いた。

ヴーン、ヴーン、ヴーンと電源の入っていない冷蔵庫が振動している。

ガムテープに巻かれた冷蔵庫になんとなく右手を押し当ててみると、掌に機械的な振動が伝わってくる。震える冷蔵庫は仄《ほの》かに温かく、人肌のようだった。

電源の入っていない冷蔵庫が生温かいのはおかしい。

「そのとき、なんでだかわかんないけど、冷蔵庫に巻かれてるガムテープが包帯みたいに見えて、傷ついた生き物みたいに思えてきたのよ」

ヴーン、ヴーン、ヴヴヴヴヴ!!

冷蔵庫がゴトゴトと大きく揺れ、シンク下のスペースからまろび出て来そうになったので、驚いた仁さんは飛びのいて洋室へ逃げた。

「しまった、玄関の方へ逃げるんだったと思ったが後の祭よ。布団の上に尻もちをついてたら……」

冷蔵庫を緊縛していたガムテープがゆるゆるだらしなく解けかかっている。

解けた帯のようにはらりとキッチンにガムテープが落ちて、冷蔵庫の扉が開いた。

中から影絵を立体化したような黒い物が出てきた。

抜け殻となった冷蔵庫は、もはや振動していない。あの、ヴーン、ヴーンという唸り声のような音は、冷蔵庫から這い出した黒い人体の口元から発せられていた。

「理屈に合わないのよ。黒い奴の背丈が身長百七十の俺よりでかくて、どう見ても大人だった。あんな小型冷蔵庫に大人が入るわけないでしょ」

布団の上にうずくまる仁さんの周りを、黒い人は手足を振り乱しながら歩きまわった。

「黒いのはヴーン、ヴーンとうなりながら歩いていた。歩くというか、踊るような感じで、洋室の真ん中に敷いた布団を囲むように、円を描いてぐるぐると」

唸り声は黒い人の移動に合わせて聞こえる位置が変わるものの、絨毯のせいか足音は全く聞こえない。

黒い人に何かされるのではと怯えていた仁さんに目もくれず、そいつは洋室の中をぐるぐる回るばかりだった。

「奴は墨を流したように真っ黒だったから、目があったかどうかもわかんない。人間っぽい形だったけど、男か女かもわかんなかった。まだ洋室には俺の布団しかなかったから、さぞかし歩きやすかったろうなあ」

失神したのか、異常な状況下で緊張の糸が切れて眠ってしまったのか、仁さんの記憶はない。気づくと翌日の昼過ぎであったという。

昨日のことは夢だったのではないかと確認すると、布団を敷いたときにはなかった毛羽立ちが、洋室の絨毯に円を描くように残されていた。

「それを見たとき、ピンときた。必ずロフトで寝てくれって言われたのは、黒い奴が夜に洋室をのし歩くからなんじゃないかって」

さすがに陽光の下では変なことは起きまいと、シンク下を確認した仁さんだったが。

「俺は閉めた覚えないのに、シンク下の扉が閉まってて。怖いけど開けてみたら、解けたのを見たのにガムテがまたぐるぐる巻きになってたんだよ」

ガムテープの上に書かれた「さわらないで下さい」の文字も、入居時に見たのと全く位置が同じだったという。

その日の午後、仁さんは家電量販店に連絡をして、購入した家電をキャンセルした。

「こんな嫌な部屋住んでいられないから、即解約。オバケが出た！　って不動産屋に言ってはみたけど、信じてもらえなくて交渉は失敗、違約金が四万越えよ。マジ痛かったけど、あそこに住み続けるよりはマシ」

そのアパートは契約してから一年以内に退去すると、高額な違約金を取るのだそうだ。

「敷金礼金ゼロっていうから飛びついたのに、大失敗だったわ」

件の物件から退去した仁さんは新たな引っ越しを断念し、実家に戻ることを決意した。

短い入居期間に同じアパートの住人と会うこともなかったので、他の部屋にも冷蔵庫があるかどうかは不明である。


退去から数ヶ月後、夜に喧しく唸る廃冷蔵庫付き物件を管理していた不動産屋は経営が行き詰まり、同業他社に物件管理業務のほとんどを委託することになった。

業務移譲に伴って営業の人材も一新、入居時におかしな注意事項を説いた社員も、現在は何処でどうしているかもわからない。

「賃貸サイトに、今もその物件が載ってるよ。俺が二日だけ住んでた部屋、今も（二〇二二年一月の時点で）空いてるみたいだな」

管理会社が変わったため、その部屋にまだあの冷蔵庫があるかどうかは不明である。

海の怪岩　（賀茂《かも》郡西伊豆町）

数年前の冬、伊豆《いず》半島在住の稲葉さんは夕方に国道一三六号線を車で走行していた。

「やたらとカーブが多い道路なので、運転中は気が抜けないところなんだ。ガードレールの向こうがすぐに崖と海だからね」

西伊豆の入り組んだ地形に合わせ、蛇行しながら海沿いを走って行くと、眼の前に雄大な海と空が広がった。

浮世絵のような色の夕陽が暗く沈むころ、彼の車は堂ヶ島《どうがしま》にさしかかった。

西伊豆海岸は海から突き出す奇妙な形の岩が多数あり、「堂ヶ島奇岩群」として有名である。

観光客ならば歓声を上げて写真を撮る景勝地だが、地元民の彼にとっては珍しくもない日常の風景にすぎなかった。

なんとなく海の方に目を遣ると、一つの奇岩の上端が〈ズズッ〉と動いた。

地震でもないのに、岩の上端がゆるゆると蠢《うごめ》いている。

一つの大きな黒い塊《かたまり》が、奇岩の側面を這うようにして海中に吸い込まれていった。

「すげえ、崩落《ほうらく》だ！　ニュースになるぞと思った。写真はない。運転中だったからな」

帰宅後すぐにスマホからネット検索したが、奇岩崩落の報道は見つからなかった。

夜ゆえに暗くて目撃者が少なく、発見が遅れているのだろう。

稲葉さんはその翌朝、通勤時に目を凝らして奇岩群を観察した。

「前の晩に崩れた辺りを集中して見たんだが、何も変わっちゃいなかった」

岩の形状は普段と少しも変わるところなく、崩落の痕跡など何処にもない。

「あの夜、岩が崩れたにしては変なところがいっぱいあった。落下というには妙にゆっくり落ちて行ったし、岩の側面をつかんでた足みたいな突起も四本以上はあったような気がする。何かでかい生き物だったのかもな。動画を撮ってりゃ証拠になったのになあ」

稲葉さんが目撃したのは、トドの数倍ほどもある大きな黒い塊だったというが、伊豆の海に、そのサイズに該当するほど大きな生物は棲息していない。

リトル・グリーン・マン　(静岡市葵区瀬名《せな》)

千葉県出身の白山さんは、地元の高校卒業後、静岡市の常葉《とこは》学園大学(二〇一三年より常葉大学)に入学した。

「二〇〇六年のことだよ。実家から大学近くのアパートに引っ越したんだけど、すぐにうちがたまり場になったんだよな」

大学周辺には学生向けの賃貸物件が豊富にあり、家賃は総じて安かった。そのため、白山さんの住む部屋の近所に、同級生らが散らばって住んでいた。中でもとくに白山さん宅に皆が集まったのは、彼の明るく人懐こい性格ゆえだろう。

「その日の夜、うちで映画を見る会を開こうってことになってさ」

皆が好みのDVDを持ち寄り、白山さんの部屋に置かれた20インチサイズのテレビの前に、友人らがそれぞれ陣取った。

「一本ずつ、各自イチ推しの映画を鑑賞していって、二十二時をまわるころ、俺の大好きな『紅の豚』のDVDをかけたんだけど」

良い映画は何度見ても良いもので、皆テレビ画面に見入っていた、はずだった。

映画がクライマックスにさしかかったとき、それは起きた。

「ふうわあああああ！」

友人の一人、青山君が悲鳴を上げたのだ。

「映画盛り上がってるのにいいとこで邪魔するから、DVD止めて怒りましたよ俺は」

テレビ画面から顔をそむけて小刻みに震える青山君。どうしたのか問い質《ただ》すと、またもや彼は叫んだ。

「エアコンの下に、ちっちゃな緑色のおっさんがいる！　怖い、気持ち悪いっ」

聞けば、テレビの右横上方に設置されたエアコンの直下に、服も肌も全身緑色をした中年男が腕組みをしてあぐらをかいているという。そいつの身長は三十センチほどで、なんともねじけた顔つきで皆を睨《にら》んでいるというのだ。

白山さんは青山君の指さす先、エアコンの下を凝視した。そこには彼の読みかけの雑誌が山と積んであるだけで、緑の小人など見えはしない。

しかし、青山君の怯《おび》えようは尋常ではなかった。

「実際に見えていればまだましだ。見えないから、想像が暴走して怖くなるんだよ」

沸き起こる恐怖心を吹き飛ばそうとして、白山さんは思わず青山君を怒鳴《どな》っていた。

「やめろよ、そんなこと言うのは！　俺はこの部屋に住んで、毎日暮らしてかなきゃならないんだぞ！」

「でもいる、まだいる」と震えて縮こまる青山君、仁王立ちで彼を見下ろす白山さん。

不穏な空気の中、それまで沈黙を保っていた茶野君が、何か合点したかのようにポンと手を打ち合わせた。

「あー、ちっさい緑のおっさんかぁー。それ、俺も見たことあるわ」

「どこで見たのよ？」と問う白山さんに、茶野君はあっけらかんと、「俺の部屋だよ」と答えた。

白山さんは、茶野君の発言から真相を察した。茶野君の住む部屋は、白山さんのアパートのすぐ裏手で隣り合わせに建っているのだ。

「じゃあ、元々そいつは茶野の家にいたんじゃねぇのか？　そんなもん、うちに連れて来るんじゃねーよ！」

「悪い悪い」と茶野君は苦笑していたが、気持ちが治まらないのは白山さんである。

緑の小人をちゃんと連れて行くよう茶野君に念を押して帰らせ、そこで映画鑑賞会はお開きとなった。

「皆近所だったから。終電とか関係なく、歩いて家に帰れたんだよね」

白山さんには超常現象の類は一切見えないため、緑の小人がちゃんと茶野君の家に帰ったかどうかは判断がつかない。

さっぱりとした性質《たち》であまりくよくよしたことのない白山さんも、さすがにその夜は寝つきが悪かったそうだ。

「少し怖かったから、やっぱりあいつらに泊まっていってもらえば良かったかな？　とも思ったけどね。茶野を泊めたことで小人に居座られても困るから、この選択が正しかったんだろうな」

白山さんが大学を卒業してそのアパートを出るまで、緑の小人騒ぎはその一度きりであった。

「バカな思い出だけど、あのときは若かったから、本気で怖がってたよなあ」

いるかいないかわからない緑の小人より、今は迫りくる仕事の納期の方がよっぽど怖いと白山さんは苦笑していた。

赤白男と白黒女　（静岡市葵区瀬名）

　こちらは、白山さんの大学の先輩にあたる伊藤さんの体験である。

　バイク乗りの伊藤さんは、その日も愛車にまたがって静岡市瀬名の竜爪《りゅうそう》街道を走っていた。

　時刻は夕刻、周囲が暗くなりゆくころ、バス停に男が一人ぽつんと立っているのが見えた。その男は上下揃いの赤白ボーダーの服を着ており、夜目にも悪目立ちしている。

「顔はバス停の標識で隠れていて見えなかったが、ひょろっとした感じの背の高い男だったなあ」

　ハロウィンでもないのに、何か仮装でもしているのだろうか？　赤白のボーダーを着ている人といえば有名漫画家が頭に浮かんだ。あの漫画家先生は赤白ボーダーをトレードマークにしていたはずだ。

「当時、件の漫画家が建てた、東京の赤白ボーダー屋敷のことが話題になってたんだよ。でも静岡くんだりに本人が、それもバスで来てるわけないよなぁ、と」

伊藤さんは、バス停の横を通り過ぎるときに顔を確認しようとした。

「漫画家本人だったらサインくらいはもらっておきたいし、とにかく顔を見てやろうと」

だが、赤白男はバス停の標識に顔を隠していて、すれ違いざまに目を遣る程度では本人とも別人とも判別がつかなかった。

「手足が骨ばっていて、すごく痩せた人だった。まあ、変わった人がいたなあって流してったんだけど」

暫く走って次のバス停が見えたとき、伊藤さんはごくりと唾《つば》を飲んだ。

いる。またしても、赤白男がバス停の標識の傍に佇んでいる。

偶然、服装が被ったのだとは思えなかった。流行《はや》りのファストファッションではないのだ。上下とも赤白ボーダーで決めた男が二人、離れたバス停にそれぞれ立っている確率など、途方もなく低いのではないだろうか。

伊藤さんの乗るバイクは、二人目の赤白男がいるバス停に近づいていく。

「そいつも顔は標識で見えなかったんだけど、体形がさっきのバス停の男とそっくりでさ。手足がひょろ長くてガリガリに痩《や》せてたんだよ」

そのとき、ふと思った。

日が沈んで暗くなっているのに、赤白男の洋服は妙に明るく見えはしないか。白い部分は蛍光増白剤をかけたかのように純白に過ぎるし、赤い部分は目を射る血のような赤色だ。バス停や街灯のぼんやりとした照明で、夜中に人の服があんなに鮮やかに見えるものだろうか。強烈な違和感はほどなくして不安に変わった。

「ちょっとあいつは普通じゃない。このまま、俺はあいつの横を通っても大丈夫なのか？」

理由はわからないけれど、彼は直感で赤白男と目を合わせてはならない気がした。

「もう顔を見るどころじゃないので、なるべく前方だけを見て運転することにした」

バス停の横を通り過ぎるとき、歩道から車道に赤白男の細長い足がはみ出しているのが見えた。新品の如く鮮やかに赤いスニーカーのソールと靴紐が白く、赤白のコントラストが印象的な足元だった。

何事もなく、通過できたとほっとしたのもつかの間、次のバス停に、三人目がいる。赤白ボーダーの服、異様に細長い体形は、これまでの男たちと同じだ。バス停の三人は一卵性の三つ子のように似ている。

「そいつもやはり顔は標識に隠れていたんだが、両足が揃って車道に出ていた」

足元には、先刻見たのと同じ赤白のスニーカーを履いている。スニーカーが泥汚れ一つなく、ピカピカの新品のようなところまで同じだった。

さっきから、赤白男はだんだん車道に近づいてきてはいないか？

これは、なんだ。俺はいったい、何に巻き込まれているんだ。

伊藤さんの手足が小刻みに震え出した。こんな繰り返しにはもう、耐えられない。

彼は三人目から数メートル離れた地点で車体を倒してターンし、バス停前を通らないように脇道に逸れた。

「いつも道が混んでる時間なんだが、あの日は不思議と他の車もバイクもいなかったんだよな。脇道に入ってからは、バス停がないせいかあいつらは出て来なかった」

以来、その道をバイクで通るのを避けていた伊藤さんであったが、先日に車で同時刻にその道を通ってみたという。

「そのときは車だったし、助手席に後輩を乗せていたんでね。一人ぼっちじゃないから、何か変なことが起きても対処できるんで強気だった」

幸か不幸か車で通過する際、バス停に赤白男の姿はなかった。

気を良くした伊藤さんは後日、同じ道を再びバイクで走ってみたのだが。

「一つ目のバス停に、あいつがいたんでそのままUターン。俺の勘だけど、あいつ、バイク乗りを狙って出てくるんだと思う」

伊藤さんの推理は後日、バイク乗りの後輩が同じ道で繰り返す赤白男を目撃したことで確かめられた。

車乗りには見えず、バイク乗りだけに見える赤白ボーダーの男。赤白男の狙いは何なのだろう。

「あのとき、そのままバス停の赤白男に出会い続けていたら、たぶん俺は事故っていたんじゃないのかな？　繰り返すうちにだんだん車道へ近づいていたから、しまいにはあいつが飛び出してきたかもしれない。あいつの標識で隠れていた顔を見てしまったら、マジで命がヤバかったんじゃないのか」

伊藤さんはそう確信している。

赤白男の話が静岡のライブハウスのイベント「怪談ＢＡＲ」で披露された際に「私もそっくりな体験があります」と客席から名乗りを上げたのが、伊藤君の後輩にあたる臼井君だった。

伊藤さんと臼井君は学部が違うため、これまで面識はなかったが、同じ大学に通う学生同士だという。

その日、臼井君はバイクで帰宅する途中、バス停に立つ人影に気づいた。

「かなり遅い時間だったのに、若い女性が一人でバスを待っていたんです」

その女性のファッションは上下共に白と黒のボーダー。囚人服のコスプレめいた服装ながら、街灯に照らされた彼女の顔は、思わず二度見してしまうくらいの美人だった。

「うちに帰ってから調べたらその日、私がバス停を通った時間はもう、終バスが発車した後でした。だったら、あの人は何の用事で深夜のバス停に立っていたんだろう、と」

次の日の帰り道、臼井君は昨晩と同じバス停で、またも白黒ボーダーの女性を見かけた。

「すごい美人だったし、どうして終バス後のバス停に立っているのか気になったので、ちょっと話しかけてみようと」

バイクを減速させたのと同時に、大粒の雨が降り出す。ゲリラ豪雨だった。

叩きつけるような勢いの雨は、瞬《またた》く間にアスファルトを暗い色に染めていく。

「そこ、屋根がないバス停なので雨宿りできないんです」

豪雨の中、白黒ボーダーの女性は傘もささず、ゆらゆら体を揺らしている。

低速で彼女に近づいたそのとき、臼井君は見た。

「彼女、髪の毛も顔も洋服も、全然濡れてなかった。女優さんみたいに綺麗な顔を、雨粒がすり抜けていたんです」

ああ……この人、人間じゃないんだ。

美女とお近づきになる気が失せた臼井君は、バイクをターンさせて加速させ、迂回ルートを通って帰宅したという。

話が一段落するやいなや、伊藤君から臼井君に質問が飛んだ。

「俺の話に似てるけど、微妙に違うなー。白黒女を目撃したのって、どこの通り？」

図らずも臼井君が白黒女を見た道は、伊藤さんが赤白男を見たのと同じ場所、同じバス停であった。

どちらの怪異もバイク乗りを狙って終バス後のバス停に出現し、全身ボーダーのファッションに身を包んでいるなど類似点が多いが、相違点もある。

まず、男は赤、女は黒とボーダーの色が異なる。通常、トイレの表示や昔のランドセルなど、一般的に男＝黒、女＝赤のイメージであるが、この怪異においては逆である。

赤白男はバス停標識に顔を隠して見せないが、白黒女は美しい顔を晒《さら》している。

赤白男は分身能力でもあるのかバス停ごとにリピートして最大三体まで同時に出現するが、白黒女は分身することはなく一体のみらしい。

赤白男は伊藤さん以外に彼の後輩も複数人目撃しているが、白黒女は現時点では臼井君一人にしか姿を見せていない。

これらの事実から、導き出せる推論は？

「たぶん、白黒ボーダーの女は臼井を異性として狙っているな」

伊藤さんが言い切った。

「ええっ、どんなに美人でも、人間でない女性は守備範囲外です！」

不安げな表情で、懸命に怪異からの好意を拒絶する臼井君であった。

その豪雨の日以来、臼井君は件のバス停前を通らない迂回ルートで帰宅している。

迂回ルートに白黒女が出たことは、今のところはまだないそうだ。

この男女のボーダーの人ならざる者たちは、何故決まった場所でバイク乗りを好んで姿を現すのだろうか。目撃した二人からも、納得できる答えは出てこなかった。

その道で死亡事故が多いという話も聞かれないので、過去に人死にがあったなどの、忌《い》まわしい土地ではないと思われる。

白黒は葬式の鯨幕《くじらまく》を連想させ、紅白はめでたい祝い事を連想させるので、赤白男は伊藤さんが思うほど悪い存在ではないのかもしれない。

この推論を検証するには、お二人にバス停の道を何度も通ってもらう他はないが、当然のように固辞されてしまった。

どなたか、件のバス停を夜中にバイクで通っていただける猛者《もさ》はいないだろうか。何か起きても、当方は責任がとれないが……。

たぬきの気持ち（浜松市中区）

十年ほど前、私は浜松在住のプロ漫画家のアシスタントをする機会に恵まれた。その仕事に就いていたのは半年にも満たなかったが、浜松に通ううち、市内に行きつけの定食屋ができた。

その定食屋の建物は古民家風で凝っており、木材を多用した温かみのある店内はなんとも居心地が良かった。

だが、品の良い店内に、一つだけその場にそぐわない置物があった。

座敷席の床の間に置かれた、一体のたぬきの剥製《はくせい》である。

頭に笠を被り、手には徳利《とっくり》と帳簿を持って直立しているたぬき。一見ユーモラスながら、四足歩行の獣が皮を剥がれ、詰め物をされて生前には絶対にとらぬ姿勢をとらされている姿には、悲哀を感じてしまう。

女将さんが注文を取りに来た際、たぬきの剥製の来歴を尋ねてみた。

「あっ、これね。商売繁盛の縁起物なんですよ」

たぬきは『他を抜く』に通じるといい、他店よりも儲かることを祈念している。たぬきの持ち物にも意味があり、笠は難を避けるため、徳利は人徳を溜めており、帳簿は信用を表しているそうだ。

剥製のポーズは信楽焼《しがらきやき》のたぬきの八相縁起《はっそうえんぎ》にあやかっている（信楽焼ではさらに笑顔が愛想の良さ、大きな目は周囲を見渡す力、太鼓腹は胆力、巨大な金玉が金運、太い尻尾が良い終わりを表現しているそうだが、剥製で表現可能なポイントはその半分にも満たない）。

なるほど縁起物かと納得しかけたところ、女将さんが爆弾発言をした。

「でもこれ、開店祝の贈り物の中に紛れていたんですけど、誰から贈られたのかわからないんです」

開店祝の胡蝶蘭《こちょうらん》の花やらなんやらの中に、この剥製が鎮座していたのだという。

縁起物だからと一応店内に飾ったところ、客からはすこぶる不評であった。

「なにしろ本物でしょう。剥製とはいえ動物の死体だから気持ち悪い、客から見えないところにやれって言われてしまって」

縁起物とはいえ、客からのクレームがあってはよろしくない。

女将さんは、その日のうちにたぬきの剥製を店の倉庫にしまった。

すると、早くも翌日に異変が起きた。

「早朝、仕込みのために店を開けたら、店内に動物がうろちょろしてたんです。猫かな、犬かな？　と思ったけど、よく見たら犬猫とは体型が違っていたの」

灰色がかった茶色の獣は、座敷の奥にある床の間をフンフン嗅ぎ回っている。

「一匹のたぬきでした。食べ物を出すところに生き物が、それもどんなばい菌がいるかもわからない野生動物が侵入してたので、早く追い出さなくちゃって」

女将が大将（女将の夫）に目配せし、二人がかりで獣を追い詰めて捕らえようとした、そのとき。二人の眼前で、たぬきは忽然《こつぜん》と消え失せた。

だらりと下がった毛並みの良い尻尾、座布団を踏む焦げ茶色の足まで鮮明に目撃したのに、たぬきはどこにもいない。

「たぬきが消えたのを見て、化かされるって、こういうことかって思いましたよ」

気のせいだと思い込もうと努力した女将だったが、大将と二人そろって見間違えるなんてことがあるだろうか。

開店疲れによる幻覚かもしれないと、無理やり納得しようとした二人を嘲笑《あざわら》うかのように、たぬきは翌日も現れた。

最初のときと行動は同じだった。暫く店内をうろついて、床の間に乗るなり消えた。

「たぬきが出るのは開店前の仕込み時間だけだったんです。お客様の前に出たら、たとえ実体じゃなかったとしても、飲食店として評判がた落ちですから」

仕込み時間のたぬき出現が三日に及ぶにあたって、大将がこう言った。

「もしかして、あれ、剥製のたぬきの霊なんじゃないか？」

床の間は、そもそもたぬきの剥製を飾ってあった場所。座敷をうろついたたぬきが、決まったように床の間で消えるのは、またあそこに飾られたいからではないかと大将は持論を展開した。

「私もなんだかそんな気がしたもんで、床の間にまた剥製を飾ったんです」

大将の予想の通り、翌朝からたぬきはぱったり出なくなった。

安堵したのもつかの間、またもや常連客から「たぬきの剥製が気持ち悪い」とクレームが入ってしまう。

「お客様のご意見を尊重して、もう一度たぬきの剥製を倉庫に片付けたんですが」

今度のたぬきは酷かった。

翌朝、施錠された店の鍵を開けたところ、勝手口に生ゴミの入っていたバケツが転がされ、中身が床に散らばっていた。

犯人ならぬ犯獣は……いた。やはり、座敷席の座布団を小さな肉球のある四つ足で踏みしだいている。

「こらーっ！　ダメよ！」

女将の怒声に、たぬきはハッとこちらを振り向くと、床の間に飛び乗って消えた。

大将と話し合った結果、女将は剥製の霊と常連客のクレームとの折衷《せっちゅう》案として、むき出しではなくガラスケースに入れてから、床の間にたぬきの剥製を飾ることにした。

その後、剥製に文句を言う客に対しては、座敷を避けてテーブル席へ案内するが、それでも座敷席をという場合には女将は奥の手を使う。

「実はこの剥製、しまうと悪いことが何度も起きるので……出しとかなくちゃいけないんですよね」

女将がそう耳打ちをすれば、クレーム客も渋々黙るという。

話を聞き終えるころ、若い女性の店員さんが、私の注文した料理を運んできた。ヘルシーながらほどよいボリュームがあり、期待以上に満足のいく定食であった。

食後にサービスの緑茶をいただきながら、ガラスケースに入ったたぬきの剥製を眺める。つぶらな丸いガラス玉の瞳が光るその顔は、飾られたいがためにゴミバケツをひっくり返すような悪い子にはとても見えなかった。

人の手で自然ではあり得ないポーズをとらされてはいるが、それは可哀想なのではなく、本人（いや、本獣か）は人に見られたがっているとは。なんとも不思議なことであった。

支払いの際、私は浮かんだ疑問を女将に尋ねた。

たぬきの剥製を倉庫にしまうと、生前の姿で店内をうろつくという怪異を起こす。店内に飾ったら来客が激増するでもなし、剥製のご利益は判然としない。ならば、剥製を処分するという手もあるのでは？

「縁起物を捨てるなんて、ついてる運を手放すようじゃありませんか？　それに、よく見ると愛嬌ある顔してますでしょう、愛着が湧いちゃって」

優しい女将のおかげで、たぬきの剥製の未来は安泰なようだ。

剥製の話を伺ってから、はや十年。

件の定食屋は現在も営業している。

店自体の地力《じりき》に加え、いくらかは縁起物の加護もあったのだろうか。コロナ禍であっても、静岡県西部に支店を複数出店するほどの勢いがあるのだとか（支店にもたぬきの剥製があるかどうかは、定かではない）。

私もまた、本店のユーモラスなたぬきに会いに行ってみたい。

龍と洞　（静岡市葵区呉服《ごふく》町）

生まれも育ちも静岡の白銀さんは、霊感がたいそう強い女性である。日本国内で一桁《けた》しか症例のない稀《まれ》な難病に罹った彼女は、幼いころから家と病院を行ったり来たり、闘病生活の連続であった。

あるとき、持病が悪化した彼女は、生死の境を彷徨《さまよ》っているうちに、いつしか幽体離脱してしまった。

「私、このまま死んでしまうのかな。いろいろやりたいこともあったのに、短い人生だったなあ」

そう思いながら、霊体となって生命維持装置に繋がれた自分の肉体を見下ろしていると、集中治療室の天井からふわりと黒い龍が現れた。その黒龍は人語を話し、彼女に憑かせてくれたら、代わりに命を助けてやると持ちかけてきたという。

もっと生きたいと願った彼女は、黒龍の申し出を受け入れた。

その後、担当医も驚くほどに持ち直した彼女は、現在も通院は欠かせないものの、会社勤めができるまでに回復している。

「黒龍はいつも私の肩に憑いていて、竜玉の代わりに私の心臓を握っているような状態なんです」

霊感のない私には俄《にわか》に信じられぬファンタジックな話だが、この取材に同行した霊感のある田形さんによると、白銀さんの肩には、確かに黒い靄がたなびくようにして乗っているという。

「龍憑きになってからは、人生ががらりと変わりましたね」

先日のこと、会社員となった白銀さんが起床するやいなや、〈キララヨシコが不幸になる〉という朗々《ろうろう》とした声を聞いた。

「顔も名前も知らないので、いったい誰だろうと思ったんですけど」

出社してから、キララヨシコの詳細がわかった。

「私は話したこともなかったんですが、雲母《きらら》さんは同じ会社の隣の部署の方で、その日の朝、通勤途中に怪我をして休んでいたんです」

こんな風に、気まぐれに身近な人の不幸を予知する黒龍を、彼女はお世話しているのだという。

「ときどき、〈お腹がすいた〉と龍が言うので、私は深夜に心霊スポットに行くんです」

心霊スポットに集う不浄な霊を、黒龍が根こそぎ喰らうのだという。

霊が喰われていなくなると、その心霊スポットは浄化されるのだろうか？

「うーん、一時的には綺麗になるでしょうけどね。曰くつきの場所ですと、時間が経てば再び霊が溜まってくるので、心霊スポットであることには変わりないですね」

彼女は幾つかの心霊スポットを、空腹になった龍のために、霊が溜まったころを見計らってローテーションしているという。いわば、心霊バイキングである。

そんな彼女ならば、さぞや詳しいだろうと静岡の心霊スポットについて伺うと、意外な答えが返ってきた。

「わざわざ心霊スポットに行かなくても、身近なところに怪異ってあるんですよ？」

先日、会社帰りの白銀さんは静岡市内の遊歩道を歩いていた。

彼女はそこで、空中に穴が開いたかのような〈洞《うろ》〉を目撃したことがある。

ぽっかりと空中に開いた洞に生き物がぶつかると、その中に潜む者にエネルギーを吸い取られるという。

虚《うつ》ろな洞の正体とは何なのか、白銀さんに訊いてみた。

「行合神《いきあいがみ》というモノですね。エネルギーを吸うといっても、健康な人なら少し気分が悪くなったり、寒気や疲労感を覚えるくらいで済みますよ」

行合神（行逢神とも）とは、道で出会った人に災いをもたらす怪異だ。これに出会うと、悪寒や発熱が引き起こされると言われている。

彼女が〈洞〉を見たのは、静岡市中心街にある青葉シンボルロード。駅から徒歩圏内にある長さ五百二十五メートル、幅三十六メートルの並木道である。

通路として利用される他、グルメイベントや音楽ライブなど様々なイベントが開催されるスペースで、毎年十一月から二月までは木々を彩る華麗なイルミネーションが人気を博している。

また、向かい合う歩行者の彫刻〈出会い〉を始めとして、水や風をテーマとしたアート作品も常設展示されており、市民の憩いの場となっている。

白銀さん曰く、〈洞〉は栄えている街に好んで出没するという。

となれば、青葉シンボルロードは人間のみならず、怪異からも人気のスポットといえよう。だが、洞の位置は時々刻々と変化していくので、それほど神経質にならずとも良いという。

行合神に近い存在が〈ひだる神〉だ。

ひだる神は主に山野などで旅人が通るのを待っている。この神にとり憑かれると、人は異様な疲労や空腹を覚えて動けなくなってしまう。

ひだる神に憑かれた状態から脱するには、何か食物を口にしなければならない。古来、旅人が干し飯など非常食を持ち歩いたのは、このためだという。

繁華街の行合神も山野のひだる神も、静岡特有というわけではなく、日本各地に伝説が残っている。

医学的に見れば、ひだる神は急激な血糖値の下降による症状、行合神は風邪のひき始めの諸症状のようだが、霊能者には体調不良が可視化されると仮定すると興味深い。

猫またぎ（浜松市天竜《てんりゅう》区）

喜寿《きじゅ》を過ぎて独居している寺田さんが、幼かったころのこと。

そのころ、彼女は田舎の農村に祖父母と両親と共に暮らしていた。

当時、寺田さん宅では猫を飼っていた。

「子猫のときに私が拾ってきたの。艶々した黒猫で、目も真っ黒な綺麗な子。ミーちゃんと名付けて可愛がってたの」

一度だけ、彼女は祖母と猫をめぐって対立したことがあった。それは、長く寝たきりだった寺田さんの祖父が亡くなった日のことだ。

「家族でお通夜の準備してたら、祖母が〈猫をどっかにやれ〉って言うの」

孫には甘かった祖母が、別人のように愛猫を今すぐどこかへ捨ててこいと命令する。

「真冬だったから外に出したら凍えちゃうでしょ、そんな可哀想なことできないって返事したら、祖母はミーちゃんの首ねっこをつかんで、ポーンと雑に庭へと投げたんだ」

痛い目に遭わされたミーちゃんは、着地するなり一目散に山の方へ逃げて行った。

寺田さんが非難の目を向けると、祖母は「これでいいんだ、今日だけは、猫をどっかへやっとかなくちゃいかん」と言うのみだった。

「祖母もそれまではミーちゃんを可愛がっていたはずなのに。人が変わるくらいに祖父の死がショックだったのかしら、と」

寺田さんはそんなことを思いつつ、家の手伝いを放棄してミーちゃんを捜しに出かけた。山の方をそぞろ歩いても、猫は見当たらない。

そのうち暗くなってきたので、夜目の利かない彼女はすごすごと家に戻った。

ミーちゃんが先に家に帰っているかもしれない。淡い希望を抱いた彼女は、たいして広くもない家をあちこち見て歩いたが、猫はいない。

「一ヶ所だけ、まだ捜してない部屋があったんだわ」

祖父の遺体が安置されている寝室だ。

生前は優しかった祖父でも、亡骸《なきがら》となっていては覗くのも恐ろしい。

勇気を出して障子をそっと開けると、いた。

顔を白い面布で覆《おお》われた祖父の遺体の傍に、ミーちゃんがちんまり丸まっている。

良かった、ばあちゃんに酷い目に遭わされても、うちに帰っていてくれた。

ミーちゃんの名前を呼ぼうとしたとき、猫は祖父の顔めがけて軽やかに跳躍した。

猫が遺体を飛び越えると、祖父の顔を覆う面布が音もなく畳に落ちた。

直後、死装束《しにしょうぞく》の祖父が布団からすっくと立ちあがる。

「死んだというのは間違いで、祖父は生きていたんだ、と思って呼んだの」

「じいちゃん」という孫の呼びかけに、くるりと祖父が振り向く。

閉じていたはずの祖父の目は、こぼれんばかりに大きく見開かれていた。

「祖父の黒目が白く濁ってたから、びっくりしてしまって。白い目をした祖父は、祖父ではない何かになってしまったのかと」

眼球の黒目の上にある組織〈角膜《かくまく》〉は生きているときは透明であるが、死後六時間ほど経過すると白濁《はくだく》し始める。ゆえに、そのとき彼女の祖父が死亡していたのは確かだろう。

長く寝ついていたせいで、筋肉の萎縮した祖父の足が畳を踏みしめた。

「ずっと寝たきりだったのに、急に起き上がって歩き出すなんて。じいちゃんが、私の知ってるじいちゃんじゃなくなってしまった」

凍り付いて動けない寺田さんの口から、ヒューッと吐息が漏れたとき。

祖父の背面にある襖《ふすま》がサッと開いて、険しい顔をした祖母が現れた。

祖母は、手にしたほうきを振り上げると、祖父の背を思い切り叩いた。

次の瞬間、祖父は力なく床に転がった。

倒れた祖父は以降ぴくりとも動くことなく、物言わぬ死体に戻っていたという。

祖父の乱れた死装束を整えながら、「死体が動いたのは猫のせいだ」と祖母は猫への怒りが抑えられない様子だった。

遺体を飛び越えてからのミーちゃんはどうしたのか。

「それっきりミーちゃんはうちからいなくなってしまったの。私は随分泣いたよ」

次の猫を飼おうという話は家族から出ず、彼女は経済的に家族から独立するまでの数十年にわたり、家に猫のいない寂しい人生を過ごしたそうだ。


体験談を縁側で拝聴していると、室内から「なぁう、うなん」と猫の鳴き声が近づいて来た。寺田さんの足元にすり寄っていくのは、彼女が現在飼っている猫だ。

「あらミーちゃん、ごめんねぇ。ママがお話にかまけてて、寂しかったでちゅねぇ、よーちよちよち」

愛猫を両手で抱き上げ、さも愛おしげに頬ずりする寺田さん。おとなしく抱っこされているのは、全身が艶々として烏《からす》のように黒い猫だった。黒猫は鮮やかな黄色や緑色、赤銅色の目をしていることが多い。だが、この猫の眼球は夜に拡大した瞳孔《どうこう》のように黒く見えた。明るい陽射しの下で観察しても、虹彩《こうさい》が黒いせいで、三日月のように細い猫特有の瞳孔が見てとれないほどだ。

「こちら、昔飼っておられた猫と同じ色なんですね？」

話しかけた途端、寺田さんは不機嫌そうな表情になった。愛猫との時間を、少しでも邪魔されたくないようだ。

「ハッ、あんたも同じ猫だって言うの？　そんなわけないでしょうが！　そっくりな猫を探したの、悪い？」

ぶっきらぼうな物言いは、体験談を語っていたときの親密さが嘘のようだ。何が彼女をこうも変貌させてしまったのだろう。

「ミーちゃんというんですか？　とてもおとなしくて、可愛い猫ですね」

ひりつく雰囲気を誤魔化そうと、苦し紛れに猫を褒めてみたところ、寺田さんは途端に相好を崩した。

「可愛いでしょう！　ミーちゃんは世界でひとりだけの特別な、大切な猫ちゃんなの」

猫飼いに多い親ばか気質が、彼女は少し行き過ぎているのだろう。

「ミーちゃん、前に飼ってらした猫と、同じ名前なんですね？」

俄《にわ》かに寺田さんは眦《まなじり》を吊り上げる。

「ミーちゃんはミーちゃんだもの、それでいいでしょうが！　何か文句あるの？」

何かが逆鱗《げきりん》に触れたらしい。彼女は激情によりぎらついた瞳を向けてきた。

「全くどいつもこいつも、あれっぽっちで大騒ぎして莫迦《ばか》みたい！　あいつらみんな死んだけどね！　ママが死んだらミーちゃんに体をあげるの。ずっと前からそう決めてたんだから。邪魔する奴はもう誰もいないんだから、ね」

堰《せき》を切ったように言い放つと、彼女は愛猫をさらに強く抱きしめた。

そんなに強く抱いたら猫も苦しいのでは、と心配になるが、ミーちゃんはまんざらでもなさそうに目を半開きにして、ゴロゴロ喉を鳴らすなどご機嫌であった。

私が寺田さん宅を辞するときにふと振り返ると、彼女はこちらを一顧だにせず、愛猫と接吻を交わしていた。

寺田さんの出身地に近い旧磐田《いわた》郡佐久間町には、猫にまつわる伝説が残されている。

この地方では猫が死体を飛び越えると、「猫またぎ」といって人の死体を操ると言われている。動き出した死体は、ほうきで叩けば再び動かなくなるという。

猫にまつわる言い伝えこそは現在も残るものの、二〇〇五年に浜松市に合併されたことにより、いまや磐田郡という地名は現存していない。

猫は何を考えているか人に悟らせない自由奔放さを秘めているせいか、ミステリアスな動物と見做《みな》されてきた。理解できないということは恐れにもつながる。葬式のとき、棺に納められた遺体や、土葬で埋められた遺体を奪う「火車《かしゃ》」という妖怪が有名だが、この火車の正体は猫の妖怪であるという。

猫と死体は何故これほどに結び付けられるのか、検証すると一冊の本が出来そうでもある。猫が死にたての死体に触れて魂を乗り移らせるとか、「猫じゃ猫じゃ」と死体に猫おどりをさせるといった怪異譚は静岡のみならず、日本各地に豊富に残っている。昔は日本全土に化け猫がいたのか、それとも東海道を通じてよく出来た化け猫譚が日本中に広まったのか。

私は前者の方が楽しいと思うが、はてさて。

百パーセントの山　(静岡市葵区)

静岡で介護士として働きながら、怪談師としても活躍されている田形さんから伺った話である。

「知る人ぞ知る静岡の山、竜爪山《りゅうそうざん》ですが、ここ、一時期は百パーセント出たんですよ」

竜爪山は全国的に有名ではないが、登山者からは「静岡の高尾山」なる別名で親しまれており、地元では学校遠足の場に選定されるほどポピュラーな山だという。

「ここは車で行く分には問題ないんですが、徒歩で登ると……」

登山道を登っていくと、ある地点で分岐点が現れる。

「そこからアスファルトの舗装が途切れて、砂埃の立つワイルドな道になってたんです」

左右の道はどちらも同じくらいの幅であり、標識の類は一つもない。

「右と左、どちらの道が正しいのか迷っていると、ちょうど道路わきに老夫婦がいて」

老夫婦はわき目もふらずに道路わきで草取りをしている。

この老夫婦に道を尋ねると、必ず行き止まりの道を教えられるという。

日によって老夫婦のこともあれば、老婆の集団だったりと、若干の変化はあれど、分岐点で間違った道を教える人物はいつも複数の老人であった。人が変わろうとも、彼らは必ず行き止まりの道を登山者に教えるのだという。

間違った道へ導く謎の老人集団とは、いったい何者なのだろうか。


「僕が迷ったときは、老夫婦じゃなくて爺さん二人でしたね」

そう話すのは、田形さんの知人である望月さんだ。

彼もまた、竜爪山の分岐点で謎の老人に騙された一人である。

「言う通りにしたのに、行き止まりなんだもの、文句の一つでも言ってやろうと、すぐに引き返したのに、もういないんですよ爺さんたち。逃げ足が速《はえ》えなあと思いました」

先ほどは老人たちが草取りをしているかに見えたが、いざそこへ行ってみると地面に根っこを見せて萎《しお》れた草などなかった。

草取りでないのなら、老人たちはそこで何をしていたのだろう?

その場の地面を踏みしめてみると、スニーカーの底越しに違和感を覚えた。

ここに何か、固い物が埋まっている。

手で触れてみると、棒のような物が地面から突き出しているのがわかった。

棒をつかんで引っ張り出そうとするが、意外と重くてさっぱり持ち上げることができない。棒が何なのか気になった彼は、木の枝を拾うと棒の周囲を掘ることにした。

白茶けた土は砂のようにさらさらと軽く、難なく掘り起こせる。

小一時間も掘ると、次第に屋根のような物が見えてきた。

地中に埋もれていたのは、小さな小屋だった。

「ところどころ金属の飾りがついた、木製の小屋でした。飾りの状態からして、けっこう古い物なのかなと」

それは一般的な犬小屋くらいの大きさだったが、金属素材による豪華な装飾は犬小屋ではあり得なかった。

小屋の正体に気づいたのは、正面に観音開きの扉が付いていたことからだ。

「僕が掘り出したの、古い祠《ほこら》だったんです」

神を祀る祠が、何故か山中に埋もれていたのだ。

「祠の中身？　扉を開けてないからわかりませんよ。畏《おそ》れ多いもの」

祠であるとわかった瞬間、スッと周囲の気温が下がった気がした。

「まだ日も高くて風も吹いてないのに背筋がゾクっとしてきて、こりゃヤバイぞと」

祠をその場に置いたまま、慌てて下山したという。

帰宅した望月さんが両親に祠のことを伝えると、ご近所を巻き込む大騒ぎとなった。

「なんで打ち捨てられていたのかは記録がないけれど、神様のおられるところだからってことで、公金を投入して祠を修繕することになりました」

地元の神主主導の元、厳粛に儀式は行われた。

「祠の中身、つまり神様に、古い祠から新しい祠に引っ越していただいたそうです」


祠が整備されてから、竜爪山に異変が起こった。

「分岐点の道が勝手に拓けて、左右どちらも通れるようになったんです」

人の手を入れてもいないのに、行き止まりの道の先に生えていた植物が立ち枯れていき、山の反対側まで通れる道が自然と開通したのだという。

行き止まりの道が開通するとは、神様からのお礼だと地元ではいっとき噂になった。

少し不服なのは、当の望月さんである。

「道を作っちゃうほどすごいパワーの神様なのに、掘り出した僕へのご褒美がないんですよ。宝くじくらい当たってくれてもいいんじゃないですか、ねえ。途中で放って帰宅してしまったのがダメだったんでしょうか。まあ、バチが当たったとか、とくに悪いこともないんで別にいいんですけどね」

年に何度か望月さんは竜爪山に登ることがあるが、それ以降、分岐点で謎の老人集団を見ることはなくなった。

大崩海岸の男（静岡市駿河区《するがく》石部《せきべ》～焼津市浜当目《はまとうめ》）

焼津市の大崩《おおくずれ》海岸は、オカルト的にも物理的にも恐れられ、全国に名を馳せているスポットである。

〈大崩〉の名の通り、緩んだ地盤が崩落する危険があり、地元の人間は激しい雨の日にはけっしてここを通らない。過去に数回、道路が崩落して乗用車が巻き込まれる死亡事故があったからだ。

崩落以外にも、カーブを曲がり切れずにガードレールを越えて、崖下へバイクや車が落下する事故が何度も起きている。

静岡在住の怪談師・田形さんの知人、大野さんの大崩海岸にまつわる体験である。

数年前、週末に、大野さんは友人たちと真夜中のドライブを楽しんでいた。

地元で走り甲斐のある道といえば、県道四一六号線の大崩海岸沿いである。

その日も、友人の乗用車に四人が乗って夜の大崩海岸に出かけた。大野さんの席は後部座席の左側だった。

海岸道路も半ばを過ぎたころ、それまで楽しく談笑していたのに大野さん以外の三人がすっと黙りこんでしまった。

「何？　どうしたの？」

いぶかしむ大野さんを、運転手の友人が制した。

「とにかくお前は、前だけ見てればいいから。横とか後ろとか見んなよな」

「はぁー？」

不満の声を上げた大野さんだが、三人の友人が三人とも真剣な表情で静寂を保っていたため、言われた通りに黙って前を見ていることにした。

楽しかったはずのドライブが、奇妙な静けさの中で急に色あせたものに思えた。しばらくお通夜のようなドライブが続いたところ、もっと妙なことが起きた。

「ごめん、そっちに行かせてもらっていい？」

大野さんの横、すなわち後部座席の右側にいた友人が、走行中の車内だというのに、無理やり前の席に移動し始めたのだ。助手席にも別の友人が座っているのだから、余裕などほとんどない。

席を移った友人は元から座っていた友人の膝の上に乗る形になった。

幼児ならともかく、成人男性が成人男性の膝の上に座るのは異様な光景である。

大野さんがあっけにとられていると、車はちょうど大崩海岸を走り抜けた。

その瞬間、大野さん以外の三人から安堵の歓声があがった。

ずっと蚊帳の外に置かれていた大野さんに、やっと運転手の友人から説明があった。

「大崩海岸を半分くらい走ったところで、車の窓ガラスに男が貼りついて来た。頭がばっくり割れてて、気色悪い奴。そいつが運転席、助手席と順番に覗いてきて、しまいには後部座席の真ん中に座り込んだんだ。さっきまでそいつがずっと大野の顔を舐めるようにしてじぃーっと見つめてたけど、もういなくなったから大丈夫だ」

大野さんが「私は霊が見えないんだから、そのとき教えてくれたらよかった」と文句を言うと、友人たちはそっけなかった。

「見えない人に教えたってしょうがない」「見えてるのがバレたら車に憑いて来るかもしれなかったから、話す余裕なんてない」等々。

霊など見えないし聞こえもしない彼には、霊感の強い友人らと思考を共有することは不可能だと思い知らされたという。

「大崩海岸で幽霊が出るまで、自分以外の皆に霊感があるなんて全く知らなかったんです。あの一件がなかったら、今でも彼らと仲良くしていたのかもしれませんね」

疎外感を覚えた大野さんは、この一件から深夜のドライブツアーへの参加を止めたそうだ。

お邪魔虫（静岡市清水区）

田形さんは交際中の彼女とドライブデートを計画していた。

「日本平のふもと、北矢部《きたやべ》というところです。ここは緑いっぱいの畑が広がっていて、そこを碁盤の目みたいに舗装道路が通っているんですが、清水市街地の夜景がほんとに綺麗なので、以前は知る人ぞ知るデートスポットだったんです」

一人で何度もシミュレーションで現地へ行ってみた田形さん。地上に宝石をばら撒いたかのように、夜景は美しかった。こんなロマンチックな景色を、彼女に見せて喜んでもらいたい。早速、彼は彼女に電話をしてデートの約束を取り付けたのだった。

デート当日は幸い快晴だった。

「月と星が輝く空、人々の営みが星のような地上と、うっとりするような景色でした」

田形さんの目論見《もくろみ》通り、彼女も夜景を喜んでくれている。彼は、一際よく見えるスポットに車を停めた。

「その途端、車の中からモゴモゴと女の人の声が聞こえてきたんです」

車のエンジンは切り、ラジオも点けていない。彼女に確認したが、スマホからも音は出ていなかった。

女の声はイントネーションから日本語のようだったが、微妙にくぐもっていて早口なので単語の一つも聞き取れない。

「一番近いのは、ラジオのパーソナリティが一人でトークしてる感じですね。聞き取れないほど発声の良くないパーソナリティなんていないでしょうけど」

さすがに気になったのか、「外を確認してみる」と言って彼女が車を降りた。

この日は夜景目当ての車が数台、田形さんの車の近くに停まっていた。他の車のカーラジオかと推測したのだが、彼女は「外に出たら、声聞こえなくなったよ」と車内に戻って来た。

この場所に車を停めてから、女の声がずっとボソボソと何事かをしゃべり続けている。

田形さんは女の声が気になり、その場で簡単な実験をしてみた。

車のドアを開けると、女の声は止む。

車のドアを閉めると、女の声は再び聞こえ始める。

何度かドアの開閉を繰り返すうち、女の声に変化が生じた。

「実験のたびに、女の声がだんだん大きくなってきている気がして」

彼女も気づいて「なんか、さっきより声大きくない？」と怖がりだしたので、田形さんは「帰ろう」と車のエンジンをかけた。次の瞬間、後部座席から声が聞こえた。

「もう帰っちゃうの？」

はっきりとした発音の声が響いた。ねっとりと耳にへばりつくような女の声だった。

反射的に後ろを振り返ったが、後部座席には誰もいるはずがない。

「ねえ、今の聞こえたよね、何なの？」と怯《おび》える彼女を宥《なだ》めてその場から遠ざかると、女の声はぱったりしなくなった。

そのとき、並んで停まっていた他の数台の車はドアを開閉することもなかったという。女の声が聞こえていたのは田形さんの車だけだったようだ。この地域に特段、事件事故があったという話もないため、女の正体は不明である。ひょっとすると、初々しいカップルを見て、霊が衝動的にからかいたくなったのかもしれない。

数年前は一般車も通行可能だったこの地区は現在、関係者以外の立ち入りが厳しく制限されている。

小鳥と朱い腕　（藤枝《ふじえだ》市青葉町《あおばちょう》）

孕石《はらみいし》君の姉、奈々さんは二日間だけ行方知れずになったことがある。

最初に奈々さんの不在に気づいたのは、一家の大黒柱でもある母親だった。

いつものように母親が二階にある姉の部屋の前に夕食を置いたところ、その日に限って一切手が付けられていなかったのだ。

孕石家の子供部屋には内鍵などはない。母親は丁寧にノックしてから、姉である奈々さんの部屋に入った後、血相を変えて階段を下りてきた。

「お姉ちゃんが部屋にいないの！　あんた何処へ行ったか知らない？」

ここ三年ほどずっと自堕落に昼夜逆転生活を送り、ベッドから体を起こすのも難儀そうだった姉が、家出のようなアクティブな行動をするだろうか？

母と弟が姉の部屋に入ってみると、書き置きらしき物は何も残されていない。姉のスマホやパソコンもそのまま部屋に置かれていたが、顔認証ロックが掛けられていて閲覧不可だった。

孕石君と母親は、とりあえず玄関の靴をチェックしてみた。三年近くも靴箱に入ったままの姉の靴は、六足すべて埃を被って並んでいた。

「念のために見たベランダや庭用の便所サンダルも、いつものところにあったので、〈お姉ちゃん、出て行ったの……裸足《はだし》で?〉って母がパニクっちゃって困りました」

警察を呼ぼうかという母親を、孕石君は止めた。

「俺が姉貴だったら、出来心でふらりと家を出たら警察呼ばれたなんて、死ぬほど恥ずかしくて、帰りたくてもうちに帰れなくなると思ったんです」

姉が来ていないかと姉の友人に連絡を取ろうと思いついた二人だったが、この三年というもの、家族ともろくに話さない姉である。そんな彼女が、外の知人と連絡をとっている様子など見たことがなかった。そもそもパソコンもスマホもロックされているので連絡先も閲覧《えつらん》できずお手上げだ。

就職難から心折れて引きこもった姉を、母親は甲斐甲斐しく世話してきた。その一方で、手のかからない体育会系男子高生の孕石君は放置気味《ネグレクト》であった。

「その自由気ままさが楽でもあり、また寂しくもありました。姉貴がいなくなって心配ではあるんだけど、姉貴べったりだった母がこの機会に、少しは俺に目を向けてくれたらなぁとも思ってしまいました」

　一旦は息子の提案をのんだ母親だったが、心配ゆえか期限を切ってきた。

「二日待ちましょ。二日経ってもお姉ちゃんが帰って来なかったら、お母さん警察に行くよ」

　悶々《もんもん》としながら奈々さんの帰還を待った母子だったが、予想もつかない場所で彼女と再会する羽目になった。

「いなくなって二日目の夕方、二階から姉貴が大泣きする声が聞こえたんです」

　奈々さんの部屋は、母親と孕石君とで入念に捜したはずではなかったか。

「俺らが見たときは家の何処にもいなかったのに、姉の話では、姉はずっと自分の部屋にいたって言うんですよ」


　現在は社会復帰している姉の奈々さんにも、当時の話を伺った。

「家族にはそう見えたのかもしれませんけど、私の認識は違います。逆なんです」

　奈々さんの言い分では、家から消えたのは自分ではなく、母と弟の方だという。

「最初に変だと思ったのは、母が部屋の前に夕食を届けに来ないことでした」

毎日規則正しく十九時半に運ばれてきた夕食が、その日は廊下に置かれていなかった。

「少し変だと思いました。ひょっとすると、母か弟が何か事故にでもあったのかと」

案の定、一階に下りてみると家の中には誰もいない。ただ、煌々《こうこう》と居間の電気は点いていた。彼女は電気を消そうか少し逡巡《しゅんじゅん》したあげく、消さぬまま二階の自室に戻った。

ここ数年というもの、彼女から積極的に他人にメールなどをすることはなかった。それもあり、改めて家族と連絡を取ろうにも、久しぶりすぎて上手く文章が頭に浮かばない。また、直接人と電話で会話することは、家族であっても自分の残り少ないエネルギーが費やされてしまいそうで嫌だった。

必要があれば、誰か無事な家族から自分に連絡があるはず。彼女は不安を抑え込み、通販で買い置きしてあった完全栄養食というう触れ込みのパンを一つ食べて眠った。

翌朝、奈々さんは尿意で目覚めた。いつもなら母の出勤と弟の通学の準備が重なり、一階からばたばたと物音が聞こえるのだが、家は静まり返っていた。

この日も家には自分一人なのかと嘆息しながら、二階の自室横にあるトイレに入って用を足す。

寝起きで眼鏡をかけていなかった彼女は、ぼやける視界のうちに緑色の物体を認めた。

「トイレの天井に、野球のボールよりちょっと小さいくらいの、何かくすんだ緑っぽい丸い汚れが付いてました」

モスグリーンと黄緑色の混ざったような丸い汚れを、彼女は色合いからカビ汚れだと思った。綺麗好きで家事を完璧にこなす母親がトイレをカビさせるのは珍しいことだった。本当にこの家に何か異変が起きているのかもしれない。

「それにしたって、娘の私に、家を出てった理由を一言あってしかるべきでしょ。だから、何があったのか知らないけれど、意地でも私から連絡してやるもんかと思いました」

彼女はおやつ用に通販で購入してあったパンを、朝食代わりに食べた。

「それから、ぼーっとネットサーフィンして。面白そうな掲示板を最初から最後まで追ったり、だらだらＳＮＳを見たりして、くたびれたら眠るのが私の日常でした」

いつもは母親の助力で三食昼寝付きの生活をしていたのだが、毎日正午きっかりに部屋の外に用意されるはずの昼食が、その日も届けられることはなかった。

「食事を三度抜かれてわかったんです。これはスパルタ治療なんだなって。わざと母と弟が連絡もなしに家出して、引きこもりの私を困らせて家から出そうとしてるんだって」

彼女は以前、暇にあかせて閲覧していた掲示板で、似たような話を読んだことがあった。その書き込みでは、数年に及ぶ息子の引きこもりに悩んだ親兄弟が、息子一人を家に残して家出する。食事や経済面で困った引きこもり息子は生きるために外に出てバイトを始め、戻ってきた家族とも和解してハッピーエンドというストーリーだった。

「うちの母と弟が、私に同じことを仕掛けているんだと思いました」

そんな奈々さんの心に沸き起こったのは怒りであった。

母も弟も、私に引きこもりから脱してほしいなら、何故真剣に対話しようとせずに、いきなり家を出ていくなど乱暴な手段を選んだのか。これまで親身に寄り添う振りをしておいて、梯子《はしご》を外すような真似をするの？　親なのに、弟なのに、家族なのに。

「これは私への裏切りだ」と感じた奈々さんは、すっかり意固地《いこじ》になっていた。

予想通り、その日の夕飯も用意されることはなかった。奈々さんは通販で買ってあったパンを食べ、トイレ以外は自室から出ないようにした。

「お風呂は何日か入らなくても平気だったし、入らず不潔でいることが家族への復讐みたいな気持ちにもなっていました」

毎食同じパンを食べているとさすがに飽きてくるが、食べていれば生きてはいける。パンとミネラルウォーターのペットボトルが彼女の生命線だった。

「家族が諦めて帰宅するのが先か、私が屈服するのが先かの勝負だと思いました」

家族がいなくなって二日目の朝が来た。

朝の習慣で、目が覚めるとまず彼女は自室の横にあるトイレに行く。

洋式便座に腰かけたとき、昨日の緑色の天井の汚れのことを思い出した。家事をしてくれていた母がいないのだから、自分で掃除すれば良いことだったが、意地っ張りの彼女にそのつもりはなかった。

「そういえばあの汚れ、まだ付いているんだろうな」と上を見た彼女は絶句した。

昨日は緑色だった丸い汚れが、墨でも擦り付けたかのように真っ黒になっている。

どういうこと？　青カビが酸化して黒くなったのだろうか。

一日で黒くなった汚れに生理的嫌悪感を抱いたが、それでも母親への反抗心が勝ったため、天井を掃除する気は起きなかったという。

昼も夜も、なるべく水分を採らずに過ごした。天井の汚れが不愉快で、あまり二階のトイレに行きたくなかったからだ。階段を下りて一階のトイレを使うことも可能であったが、長らくこの家では二階のトイレは奈々さん専用、一階は母と弟が使用するといった暗黙の了解があったので、慣れない一階のトイレに行くのは煩《わずら》わしいことだった。

母と弟はいつ帰ってくるのだろう。この根競《こんくら》べは何時まで続ければ良いのだろう。

奈々さんは昼食にまたもパンをかじりつつ、暗澹《あんたん》たる気分になった。

「社会に傷つけられて休んでるだけなのに、なんで家族まで私を外へ放り出そうとするの、どうしてそっとしといてくれないのって、頭の中はとにかく怒りでいっぱいでした」

午後になって奈々さんが再び自室横のトイレに行くと、トイレ用スリッパの脇に小さな羽根が落ちていた。

「黄緑色の小さな羽根が、四枚くらい床に落ちてました。サイズ的に小鳥のですね」

彼女の使用する二階のトイレには窓がない。いつもは母親が毎日家中の換気を行っていたが、この二日間は奈々さんだけなので、面倒で家の窓など開けてはいなかった。

この鳥の羽根は何処から来たのだろう?

奈々さんは小鳥を可愛いと思うよりも、「ダニとか黴菌《ばいきん》を持ってそうで嫌」と考えるタイプだった。

「天井が汚れていると、上からカビの胞子が降ってきそうだし、母が家にいない間、この家を掃除するのは私しかいないのかなって」

彼女は一旦部屋に戻って眼鏡を装着し、重い腰を上げて天井を掃除しようとした。

空気の動きを感じて天井を見上げると、ウグイスかメジロのような緑の小鳥が頭上を飛んでいた。刹那《せつな》、にょきっと壁から大きな手が飛び出し、小鳥を鷲掴《わしづか》みにした。

頭も足も胴体すらもなく、肘《ひじ》から先の手が壁から生えている。

「朱色って言うんですか、鳥居みたいな肌をした手でした。黒い剛毛の指毛がまばらに生えていて気色が悪かったですね」

異様に朱い手は、捕らえた小鳥をバン！　とトイレの天井に叩きつけた。手が潰した小鳥をぐりぐりと天井に擦《こす》り付けると、綺麗な緑色の羽根がはらはらと床に散った。

朱色の手が天井から離れたとき、そこには昨日の朝見たのと同じ形と大きさの、緑色をした円形の汚れが付いていた。

「昨日は眼鏡をかけてなかったけど、このときはかけていたので見えてしまいました」

円形に生えた緑のカビと思っていたのは、叩き潰され、天井に張りついた小鳥の緑色の羽毛。黒カビと思ったのは、緑色の小鳥の亡骸が腐敗した物。

母と弟がいなくなり、彼女だけが住むこの家に小鳥と朱い手が出るようになった。

「そのうち、朱い手の本体がトイレの壁から出てきて、私を小鳥みたいに潰すんじゃないかと思って」

彼女はトイレのドアを閉め、自室に逃げ込んだ。

布団を被って震えているうちに、嫌な事実に気がついた。

トイレのカギは、内側からしか掛からない。そして、奈々さんの部屋には鍵がない。

「壁から手だけ出すような奴でしょう。もしかして、ドアも通り抜けられるとしたら」

自室に避難したことも無意味となる。

夢の中で起きる荒唐無稽《こうとうむけい》な展開が、夢見る本人にだけは納得しうる筋立てと感じられるようなことが、そのときの奈々さんの頭に起きていた。

「何故だかわからないけど、そういう考えを頭の中に無理やり押し込まれたみたいにして、理解したんです。私がいろんなことから逃げて母にべったり甘え切っていたから、あんな物をここに呼んでしまったんだって」

彼女は目撃したことの不条理さと自らの不甲斐なさから、ワッと号泣した。

涙や鼻水を垂れ流して泣きじゃくっていると、二階への階段を上ってくる懐かしい足音がした。

ドアが開いたとき、水蒸気で曇る眼鏡越しに彼女が見たのは、心配そうに彼女を見る母親の顔だった。母娘は抱き合った。

少し遅れて、弟が部屋に現れた。奈々さんが泣きながら弟もハグすると、「姉ちゃんの顔、べたべた。風呂に入ってきたら？」と照れくさそうに呟いたという。

「だから、私は一歩も外には出ていません。あのときは、母と弟が口裏合わせて私に嘘をついてるのかと疑ったくらいです」

家族がいるなら安心と皆で二階のトイレを確認したところ、天井にあった黒と緑の円形に擦り潰された小鳥の死骸《しがい》はなくなっていた。

「天井にはシミ一つなかったけど、スリッパの上に緑色の羽根が幾つか、落ちてました」

その二日間、母と弟は姉のいない空間で暮らし、奈々さんは家族のいない時空で生きていたことになる。

おそらく何かの理由で分かれてしまった時空が、再び微妙に重なり合って家族が再会できたというのが、ＳＦ好きの孕石君の考えである。

怪異との遭遇を機に、引きこもりから脱した奈々さんは現在、派遣で働いている。

「それから半年かけてダイエットして、引きこもりでついた贅肉《ぜいにく》を普通体型にまで落としました。今はバイト代を家計に入れるくらいには、社会人してますよ」

至極普通の建売住宅に、何故このような怪異が勃発《ぼっぱつ》したのだろうか。

「うちの家の因縁ですか？　父が存命だったころに普通に購入したって聞きました。神社のすぐ傍で日当たりが良くないから、相場より安かったんだとか」

神社を戴く山のふもとに建つ孕石家。その家の中でも、最も神社の敷地近くに位置するのが、奈々さんが使用していた二階のトイレである。この事実が何を意味するのか、残念ながら私には、それを読み解くだけの知識の持ち合わせがない。

朱い肌といえば天狗か赤鬼を連想するが、県西部の袋井市に、奈々さんの体験に近い雰囲気の伝説が残されている。


あるとき、袋井に住む両親の元から息子がいなくなった。

両親は嘆き悲しんだが、息子は戻って来ない。

ある晩のこと、親の夢枕に息子が立った。

「明日家に帰るから、自分の部屋を綺麗にしてくれ、だが、帰ってもけっして部屋は開けないでくれ」と息子は言った。

夢のお告げを信じた両親は息子の部屋を綺麗に掃除しておいた。

すると、掃除してから二、三日後、息子の部屋に誰かがいる気配がする。部屋を覗くなど言われていたが、両親は息子恋しさに言いつけを破って部屋の中を覗いてしまう。両親が見たのは、天狗《てんぐ》となって部屋に寝転がる息子の姿だった。

翌朝、息子の部屋から人のいる気配が消えており、家の庭にある大木の大ぶりな枝が一本、真ん中から折れていた。

「天狗になった息子が、その枝から飛んで山に帰ったのだ」と両親は悲しんだという。

そのように、静岡には天狗の伝説が豊富に残されている。

西部の浜松市天竜区秋葉山《あきはさん》には火事の炎を消してくれるという、巨大な天狗が祀られている。秋葉山の火伏の天狗は全国的に有名であり、秋葉山詣でのために網目状に道が発達し、秋葉街道と呼ばれたほどだ。

東部の伊東《いとう》市にある佛現寺《ぶつげんじ》には〈天狗の詫び証文〉が現存している。三メートルを超える巻物にびっしりと書かれた謎の文字は、世界のどの言語とも一致せず、現代においても読解不能であるという。

同じく東部の伊豆の国市韮山《にらやま》では、あるとき男児が神隠しに遭って行方不明になった。

両親が嘆き悲しんで捜索していると、ふらり現れた青い火の玉に案内され、山中の奥深くで眠る我が子を発見した。見つかった男児は「鼻の長い、赤い男に攫《さら》われた」と証言し、風に乗る方法や木から木へ飛び移る方法など、天狗見習いとして術を教えられていたという。両親のあまりの悲嘆を見かねた天狗が親元に返したのだそうだ。

中部の焼津市では、天狗から筋肉増強剤を貰った男の伝説が残っている。

赤い服の偉丈夫から赤い丸薬を貰って飲んだ男が三日間行方不明となった。三日後に帰って来た男は「三日三晩、空に浮いて飛び回っていた」と話し、それから三日間こんこんと眠り続けた。再び目が覚めたとき、男は村一番の怪力の持ち主となっており、「天狗力の徳蔵」と呼ばれたという。

医学的に考えてみると、その丸薬は覚醒剤とステロイド剤のブレンドだったのかもしれない。

きゃっほーきゃっほー　（焼津市栄町）

「仕事も恋愛も何もかもうまくいかなくて……ふとした瞬間に、私なんかが、なんで生きてるんだろうって思ってしまって」

焼津市在住の美音さんは、かつて数ヶ月ほど抑うつ状態にあった。

「仕事だけはなんとか行ってましたけど、電車を見れば飛び込みたいし、高いビルを見れば飛び降りたくなって、死ぬことばかり考えてしまう。でも、勇気がなくて何も出来なかったんです」

常に自殺したい気持ち、〈希死念慮《きしねんりょ》〉に取り憑かれた毎日だったという。

その日、仕事で凡ミスをしてしまった美音さんは上司から厳しく叱責され、意気消沈して会社を早退してしまった。

昼間の閑散《かんさん》とした電車に乗り、焼津駅で下車したとき、彼女の頬を涙が伝い落ちた。

一人暮らしのアパートに帰っても楽しいことなど何一つない。これ以上生きていることに意味などあるのか。

彼女は決心した。今日、死んでしまおう。この希望のない人生にさよならするのだ。

「賃貸住まいなので、私の荷物を処分しやすいように片付けておこうと思いました」

駅の南口を出て、まっすぐにアパートへ向かう。自殺前の身辺整理というネガティブな目的ではあったが、久しぶりに自らの意思でやりたいことが見つかったので、彼女の足取りは軽かった。

駅からまっすぐに歩き、橋を渡ったところに黒潮《くろしお》温泉という銭湯がある。焼津で人気の施設であったが、彼女は近くに住んでいながらそこに一度も行ったことがなかった。

本物の温泉水を汲み上げていると前にテレビで見たことがあるが、もうすぐ死ぬ私には関係のないことだ。彼女が足早に前を通り過ぎようとしたとき、温泉施設のエントランスから女性たちが飛び出してきた。見れば二十代前半、彼女と同年代のようで体にぴったりとフィットした服を着ている。一人は上下とも濃いピンク、もう一人は全身が原色オレンジの二人組だった。

「そのとき、なんだか私の周りの空気が水の中みたいに重くなったんです」

昼間とはいえ駅へ通じる道路にも車の姿はなく、歩道にいるのは美音さんと派手な女性二人組だけ。そんな状況で、いきなりピンクの女性が「きゃっほー」と叫んだ。間髪入れずにオレンジの女性も「きゃっほー」と返す。

「きゃっほー！」「きゃっほー！」

ピンクとオレンジは口々に叫びながら、ものすごい速さで走り始めた。

「二人が入れかわり立ちかわり、私の周りを高速8の字で走り回ったんです」

私は早く死ななきゃならないんだから、そんなこと止めてよ。

そう言いたかった美音さんだったが、他人と意思疎通を図ることすら億劫《おっくう》で、ただ家路を黙々と歩むのみだった。

「きゃっほー！」「きゃっほー！」

ピンクとオレンジの女性は走るだけでは飽き足らず、美音さんの周りを高速のバク転で回り始めた。

「映画の〈ブレードランナー〉でレプリカントがくるくる回るシーン、あるでしょう。あれにそっくりでした」

女性たちが「きゃっほー！」とバク転するたびに、巻き起こった風が美音さんの前髪を揺らす。

「私のすぐ傍をすごい速度でバク転してたんですけど、動きにつれて風が来るだけで一度もぶつかってはこなかったですね」

異様な状況であったが、死にたいあまりに異常な心理状態にあった美音さんは「何なのこの人たち、歩きにくいったらありゃしない」と思うのみだった。

温泉施設を過ぎたところにある横断歩道の歩行者側信号が青になり、それを見た美音さんは車道へ踏み出し、アパートの方角へと道路を斜め横断した。

「死にたいのなら赤信号で渡ればいいのに、いつもの習慣で……」

それまでぴったりと美音さんに付いて来た二人の女性は、車道の真ん中で彼女を追い越すとそのまま橋まで走って行き、それぞれ「きゃっほー!」「きゃっほー!」と叫んで川へ飛び降りた。

「二人とも道路の真ん中でダッシュして橋の欄干《らんかん》を越えて、ぽん、ぽんと飛び降りちゃったんです。そんなに勢いよく飛び降りたら絶対大怪我すると思って」

驚いた美音さんが橋まで駆け寄って川を覗いたところ、そこにピンクとオレンジの女性二人組の姿はなかった。

「両岸をコンクリートで固めた川で雑草なんかもないし、身を隠せるところなんて何処にもないんですよ。川は浅いので、潜れるわけもありません」

橋の真下、上流下流のいずれにも、あの目立つ二人組の姿はなかった。

ふと我に返ると、急に周囲の喧騒《けんそう》が戻ってきた。今まで何処にいたのかと思うほど車は頻繁に走り、散歩中の老人や買い物帰りの主婦、下校中の小学生たちが歩道に溢《あふ》れた。

「そのとき私の心、すごく軽くなっていたんです。今までクヨクヨ悩んできたことが、さっぱりどうでもよくなってました」

彼女の心に巣くっていた希死念慮は、何故か綺麗になくなっていた。

「あの二人の派手な女性が、私の死にたい気持ちを不思議な力で取り去ってくれたんじゃないかな？　って思ってるんですけど」

彼女の記憶によると、二人の女性たちが銭湯の客であったかははっきりしない。ただ、その二人が黒潮温泉のエントランス近く、喫煙コーナーの辺りから走り出てきたことは確かだそうだ。

それ以来ポジティブ思考をするようになった美音さんは、直後に転職して収入が上がり、人生のパートナーにふさわしい誠実な彼氏とも巡り会えた。

それから六年を経た現在も彼女は毎日、黒潮温泉前の道を駅までの通勤路として歩く。

「あの派手な二人組に、死のうとしていた私を止めてくれたお礼を言いたいんですが、いまだに再会してないんですよね」

彼氏に二人組との出来事を話したこともあったが、「そういう幻覚を見たんだね、可哀想に。いろいろ辛かったんだね」などと慰められたが信じてもらえなかったと、美音さんは少し立腹していた。

そして、美音さんは彼氏と同棲している。二人のささやかな楽しみは、〈エキチカ温泉・くろしお〉でのんびりとお湯に浸かり、外食して帰ることだという。

かつて焼津黒潮温泉と呼ばれていた銭湯は、二〇一七年に〈エキチカ温泉・くろしお〉と改名、モダンに改築されてリニューアルオープンした。

一時期は地元の温泉源が枯渇《こかつ》し存続が危ぶまれたものの、県内の温泉から源泉を運ぶなどして営業を続けている。天然泉にこだわり、地元自慢の刺身を提供するレストランを併設するなど、県内外から広く人気を集める施設だ。

美音さんの体験当時、エントランスに設置されていた屋外喫煙コーナーは、受動喫煙防止の考えに基づき現在は撤去されている。

怪異のデパート大内山～霊山寺 (静岡市清水区)

静岡市清水区にある霊山寺《れいざんじ》は開山が奈良時代に遡《さかのぼ》る古刹《こさつ》で、標高三百メートルほどの大内山の中腹にある。駿河三十三観音霊場の第二十一番札所でもあり、室町時代に建てられた仁王門は国の重要文化財に指定されている。

そこで起きた不思議な現象をご紹介しよう。

その一　三者三様

信田君と大野君、斉藤君の大学生三人組は、夜の霊山寺で肝試しをしたことがある。

その日の夜、墓地近くの駐車場に車を停めて、三人組は山の中腹にある霊山寺本堂を目指した。

参道を囲む樹木にはいかにも何かが潜んでいそうな雰囲気があり、三人組は懐中電灯を手にハイテンションで石段を上っていった。

登山口から本堂へ続く参道は〈三十三曲《まが》り〉と呼ばれ、貸し出し用の杖が設置されているほどの急勾配なのだが、体力のある若い三人はほんの十五分ほどで目的地へたどり着いた。

眼下に広がる暗い海、煌《きら》めく清水の街明かりは美しかったが、若い三人の目的は映える景色ではなかった。

「怖いって噂だったので、本当に何かが出るんじゃないかとワクワクしていたんです」

観光目的ならば深夜に来ることはない。重要文化財の仁王門にもなんら関心を示さずに、三人は本堂への石段を上って行った。

「期待してたんですが、何もありませんでした。不気味な声も聞こえなければ、霊も出やしない。ただ、真夜中にお寺を見に来ただけになってしまって」

肝試しに来たのに何の成果も得られず、拍子抜けした三人は、数分ほど本堂の周りをうろついてから参道を下っていった。

車に乗り合わせて帰る道中、霊山寺の話題が出た。

「どうってことはなかったが、あれはちょっと怖かったな。本堂に、ずらっと並んだ写真。立派な額が十枚以上並んでて、遺影みたいだったな」と斉藤君。

「ああ、あれはヤバかったわ。写真の顔の、目のところだけが真っ黒に塗り潰してあって嫌な気分になったよ。なんであんなことしたんだろうな」と大野君。

「ちょっと待てよ、おかしいだろ!」と信田君。

「そうだよ、何言ってんだ?」と斉藤君。「写真の目、黒く塗ってなんかなかったろ? 夜中に見たから不気味に感じたけど、普通の人の写真だったじゃん」

「お前こそ何言ってるんだよ、写真は全部、目のところが墨で塗り潰してあったろ!」

それを聞いていて青ざめたのが信田君だ。

「二人とも、何言ってるんだよ? 本堂に人の写真なんか、一枚もなかっただろ!」

それを聞いた斉藤君と大野君が黙り込む。

三人の話を整理すると、こういうことのようだった。

斉藤君は、本堂の梁《はり》に飾られた人物の写真を見た。それらはモノクロ写真で、男性も女性も十枚以上はあった。被写体が皆、高齢者なので、それらは遺影めいて見えた。

大野君も、本堂の梁に額に入った写真が十枚以上飾られているのを目撃した。ただ、斉藤君と異なるのは、彼が見た顔写真はすべて、目が黒く塗り潰されていて異様なムードを醸《かも》し出していたことだ。

信田君は、本堂を見たものの、そこには額も写真もなかったと断言できるという。

三者三様、異なる風景を見ていたと知った彼らは、「本当にこんなことが起きるのか」と、一様に衝撃を受けていた。

「俺だけ霊感がゼロで見えなくて、斉藤と大野には霊感があって、程度の差こそはあるけど見えていたってことなんでしょうか？　もし、本当に写真が見えていたら〈あんなところに写真が飾ってある！〉と自分ならば他の二人に教えると思うんですよ」

また、現地では「何もないな」「帰るか」としか言わなかった斉藤君と大野君が、帰りの車中で饒舌《じょうぜつ》に写真のことを語りだしたのは何故なのか。

「二人に訊いてみたんですけど、あいつらぽかんとしていて要領を得ないんですよね」

その晩以来、信田君は件の二人と共に肝試しに行くことはなくなった。

「あそこに行く前と行ってからとで、あいつら雰囲気がちょっと変わってしまった気がするんです。どこがどう変わったのかって、具体的に言葉にはできないんですけど」

なんとなくギクシャクして、二人とは疎遠になってしまったと信田君は話を結んだ。

霊山寺に飾られていたらしき写真の被写体となった人物が何者だったのかは、見当もつかないそうだ。

その二　消えたスマホ

当時、大学生だった智乃さんは免許を取ったばかりで、友人たちと四人で車に乗って大内山へ出かけた。

「前から大内山には行ってみたかったんです。富士山や清水の街の眺めが綺麗だって聞いてたので」

その日の夕方、智乃さんらは細い農道を車で進んで行った。

農道は対向車が来たらすれ違えないほど細かったが、そんな時間にその道を走っているのは彼女の車だけだった。

山の中腹、下草が茂り草原のような霊山寺の駐車場に智乃さんは軽自動車を停めた。

「なにしろ免許取りたてなので、駐車が苦手で少し時間がかかっちゃいました」

白線が引いてあれば駐車もしやすいのだが、目印のない草むらでは難しい。

「駐車場の一番奥に軽トラックがいたので、それを基準にしようと軽トラの横に停めようとしたんですが」

助手席の恵さんが「いっぱい空《あ》いてるんだから、どうせなら離れたところに停めようよ」と言うので、智乃さんは意地を張って軽トラと対角線上の位置に苦労して停めた。

夕陽を眺めるつもりが、慣れない運転のせいもあり、山の陽はもう暮れかけていた。

「駐車場から参道を上ってたらどんどん辺りが暗くなってきて、懐中電灯を持ってこなかったので、スマホのライトで足元を照らしました」

スニーカーで来た智乃さんや恵さんは問題なかったのだが、サンダルで来た望さんやヒールのある靴を履いた冴さんからギブアップ宣言が出たのは、ちょうど山の中腹の霊山寺本堂まで来たところだった。

「駐車場を出発してから三十分ほど歩いた計算になりますね。私はもっと眺めの良い山頂まで行きたかったんですけど、思ったよりも時間が経ってたので、引き返してご飯でも食べに行こうかってなりました」

駐車場を出発し、山を下り始めてからすぐに、帰りの車中で問題が発生した。

「あれ？　私のスマホがない！」と恵さんが叫んだのである。試しに冴さんが恵さんのスマホに電話してみたが、音が鳴る設定なのに呼び出し音は聞こえてこない。何処でスマホを落としたのか、恵さんにも思い当たる節はないという。

「行きは確かに手に持ってたんだけど、参道上るときライト代わりにスマホを持って照らしてたから、そのときなくしたのかなあ？　後、お寺の本堂を撮ったときに落としたのかも。ごめん、さっきの道、お寺まで捜しに戻ってもいい？」

早速智乃さんは駐車場に引き返した。足が痛いという冴さんと望さんを車に残し、智乃さんと恵さんの二人は霊山寺まで携帯捜索に出かけた。

「私は自分のスマホでライトアップして、恵には車に備え付けの懐中電灯を使ってもらいました」

寺の参道を注意深く懐中電灯で照らす恵さん。時折、智乃さんがスマホから恵さんの番号をダイヤルするが、夜の山は木々の葉擦れや風の音ばかりで、電話の呼び出し音などしない。

スマホを捜しながら、二人は再び霊山寺の本堂までたどり着いた。

「でも、本堂にもなかったんです、恵のスマホ。帰りの参道でも、念のためにもう一度確認しながら歩いたんですけど、スマホはどこにもないんです」

ショックから泣きそうな恵さんを励ましながら智乃さんは駐車場まで戻った。ダメ元で恵さんの番号へリダイヤルすると、鳴っていた。当時流行《はや》っていた、韓流ポップスの着メロがか細く聞こえている。

「恵っ、音がする！　駐車場の何処かにあるみたいだよ！」

そのころには智乃さんのスマホのバッテリー残量が怪しくなってきたので、車に残っていた冴さん望さんの二人が新たに捜索を手伝った。交互に電話をかけては呼び出し音を鳴らしながら、スマホの在処《ありか》を絞っていく。

「見てすぐにわかればよかったんですが、駐車場は草の丈が長くて、スマホくらいなら草の陰に隠れちゃうんですよ」

音で絞り込んでいくと、智乃さんの車から遠く離れた駐車場の、先程軽トラが停まっていた辺りから聞こえるようだ。

草むらを捜していた恵さんが、「あった！」と声を上げた。

「恵のスマホ、軽トラの車体があったところの真下、ど真ん中に落ちてたんです」

恵さんはスマホが見つかった喜び半分、気づいてしまった恐ろしさ半分で泣き笑いのような表情を見せていた。

「私、軽トラになんて近づいてないよね、智乃の車の方が登山口に近いんだから、駐車場の奥になんか行ってないもの！　なのになんで、スマホがそっちにあるの？」

　この体験の何処に怪異が存在するのか、私は首をかしげていた。すると、智乃さんが「私もすぐには気づかなかったんですけど」と、状況を説明してくれた。

　霊山寺本堂を見学してふもとの駐車場に戻ったとき、智乃さんの車の対角線上には古びた軽トラが一台、停まっていた。

　彼女らは車で帰路につくが、スマホ紛失に気づく。

　スマホを捜しに彼女らが駐車場に戻ったとき、軽トラはいなくなっていた。

　本堂まで行ったが見つからず駐車場に戻ると、軽トラが駐車していた場所にスマホが落ちていた。

「ね、軽トラが消え失せてしまったんです」と智乃さん。

「私が車で駐車場を出てから、スマホがないとわかって引き返すまでに一分とかかっていません」

　彼女らが駐車場を出たとき、続いて軽トラも出て行っただけではないのだろうか。

　私の疑問に応え、智乃さんは言う。

「駐車場から街へ通じる農道は細い一本道なので、車がすれ違うのは不可能なんですよ」

軽トラが後から駐車場を出たのなら、一本道をバックで引き返してくる智乃さんの車と鉢合わせしていたはずだ。彼女によれば、その道ではUターンできそうな余裕もないという。普通車一台がようやく通れる農道で、軽トラはどこに行ったのだろう。

調べたところ、一応、そこに分岐する道はあるが大変に細く、もしも軽トラがその枝道へ逸れたとしても、智乃さんが対向車のライトを視認していなければおかしい。

その辺りで死亡事故が起きたという話も聞かず、消えた軽トラの正体は不明である。

「まあ、そんなおかしなことはありましたけど、一本松公園に行きそびれたので、今度こそあそこの展望台で夜景を見たいんですが。前回同行した友人たちから〈もうこりごりだ〉と断られてしまって……一人で行くのもなんだし、困っちゃいます」

彼氏でもできればデートで行くんですけどね、と智乃さんは苦笑していた。

大内山の中腹にあるのが霊山寺、さらに上の山頂にあるのが一本松公園だ。一本松公園は標高三百メートルからの眺めが絶景であるが、地元民はあまり夜間には山頂に近づかないという。

公園の名の由来は清水港からも見えたという大きな一本松だが、残念ながら枯れてしまい、現存していない。

その三　神隠し

愛知県在住の新城さんは有休のとれた平日に、妻と三歳になる娘の伊代ちゃんの三人で愛車に乗ると静岡県にある霊山寺へ向かった。

「僕の古刹《こさつ》巡りの趣味に妻子を付き合わせてしまいました。寝坊して出発が遅れたので、現地に着いたのは午後四時過ぎでした」

ふもとの登山口に近い駐車場に車を停め、娘のチャイルドシートを外す。ドライブ中ずっと眠っていた娘は元気いっぱい、興奮してキャッキャと走り回りたがる。小さな体を包むオレンジ色のワンピースが翻《ひるがえ》り、ピンク色のペップサンダルからはキュキュッと陽気な音が鳴った。

駐車場には他の車も一台停まっていて、子供が走り出しては危ない。はしゃぐ娘をすかさず妻がハグしてつかまえる。

加藤さんは後部座席に積んであったリュックを取り出し、「ママ、水筒はこっちに入れたんだった?」と妻に問うた。

「えー、なんて?」夫の方に妻が顔を向けた瞬間、娘を抱く手がわずかに緩んで、そこからするりと娘が抜け出してしまう。

新城さんは、妻がやんちゃな娘をすぐに確保すると楽観視していた。

「あれっ? 伊代ちゃん?」

両親が目を離したほんの一瞬の隙に、娘はいなくなっていた。

すぐさま新城夫妻は車の周囲を確認した。夫は駐車場をきょろきょろと見回すが、いない。妻は両手を地面につけて車体の下を覗き込んだが、そこにも娘はいなかった。

「横並びに車が十台停まれるとウェブにはありましたけど、思ったより小さくて一目で見渡せるくらいの駐車場ですから、娘を見逃すわけがないんです」

娘は喧《やかま》しく音を出すペップサンダルを履いている。この駐車場を娘が歩いていれば、あの陽気な音が鳴るはずだ。

「伊代ちゃん? ヒッ、伊代ちゃんがいないっ!」

妻の悲痛な叫びに、加藤さんの胸がズキンと痛くなった。

そのとき、駐車場に停まっていたもう一台の車から、男性が一人降りてきた。男性は地元民で、たまに霊山寺にお参りに来るのだという。

「何、娘さんがいなくなったの？　私も一緒に捜すよ」

地元の老人も交え、三人は駐車場で迷子を捜す。

「伊代ちゃん、何処にいるのー！」母親の必死の呼びかけにも、返事はなかった。

「これだけ駐車場を捜していないのだから、娘さんは山の上の方に行ったのかもしれない」という地元の人の言葉を頼りに、新城夫妻は本堂目指して石畳の参道〈三十三曲り〉を登り始めた。

「本堂までの参道って、けっこう急なんです。伊代が一人でこんな坂道を登るかな？と僕は思いましたが、妻が先行して駆けて行ったので、後を追うしかなかった」

新城さんよりも、学生時代は陸上部だった妻の方が速かった。息を切らして石畳を駆け上がると、二十分ほどで威容《いよう》を誇る仁王門が見えた。門をくぐればじきに本堂である。

「駿河湾が一望できる素晴らしい観光名所なんですが、伊代のことがあるから、僕らは景色どころじゃありませんでした」

本堂を捜しても娘がいなかったら、「上の方へ行った」という前提が間違っていたことなる。「どうかいてくれ、頼む」と祈りながら本堂を目指して駆けていく新城さん。

本堂へ続く階段の上段に、オレンジ色の物体が横たわっているのが見てとれた。

「伊代ちゃんっ!!」

妻が猛然とダッシュした。日ごろから運動不足の新城さんはここまでの道程で息が上がってしまい、がむしゃらに走る妻の背中を追うのがやっとだった。

倒れているのは、やはり娘だ。娘の名を呼ばわりながら駆けつけた妻が小さな体を抱き寄せると、娘は目を開いて「ママぁ〜」と呟いた。

生きている！　緊張が解けた新城さんは、へなへなと階段に座り込んでしまった。

親子が感動の再会をしている最中に、地元の老人がやっと本堂に到着した。

老人は痛むのか膝を摩《さす》りながら、「よかった、よかった」と頷いていた。

「伊代ちゃん、なんでパパやママと離れてこんなところにいたの？」

妻が問うと、娘は「急に抱っこされて。目隠しされたー」と答える。

すわ変質者か、誘拐かと大人三人は色めきたったが、娘の次の一言には皆、困惑するしかなかった。

「お空にふぅわり浮いて、その後、ひゅーんって飛んでったの！」

浮遊感に酔ったようになり、娘は移動中に眠ってしまったのだという。

「確かに、三歳の子供の足でパッと来れるような場所じゃないんですよ。大人の足でも二十分はかかったし……」

不審者が誘拐しようと娘を背負ったり、抱きかかえて石段を登ったのなら、伊代ちゃんは激しく揺さぶられたはずだ。だが、彼女は何かに抱きしめられた後に浮遊し、高速移動したと感じており、揺れたことは全くなかったという。

後ろから目隠しされたがゆえ、彼女は本堂まで自らを運んだ者の姿を見ていない。

「そのとき本堂の周りに黒くて大きい烏みたいな鳥の羽が幾つも落ちてたんですけど、これってまさか、烏天狗《からすてんぐ》の羽根じゃありませんよね?」

桜や紫陽花《あじさい》の美しさでも知られる霊山寺。

「今度は花の咲く季節に、もっと明るい時間にここに来たいと思います。伊代は僕がしっかり抱っこするので大丈夫です。天狗が出たとしても、娘はもう攫わせはしませんよ!」と新城さんは力強く言い切った。

静岡には幾つか天狗伝説があるものの、県中部より、浜松市天竜区の秋葉山を中心とした県西部に集中している。霊山寺と天狗の組み合わせはあまり聞かれるものではない。三歳児の証言をどこまで信用するかの問題はあるが、この一件は天狗に限らず、何らかの超自然的存在による神隠し未遂だったのかもしれない。

斎場と墓地の間　（静岡市葵区）

介護士の田形さんはショートステイ施設Mに勤務して以来、水晶の数珠《じゅず》が手放せなくなった。オンオフ問わず常に手首に付けられた数珠は、ファッションアクセサリーではなく護身のため、魔除け目的でしているのだそうだ。

勤務先となる施設Mを初めて見たとき、田形さんはその異様な立地に驚いたという。そこは、斎場と墓地にはさまれて建っていたのだ。

出勤初日、田形さんは古株の職員から施設Mにおける暗黙のルールを聞かされた。

「夜は部屋のカーテンを閉めないで。隣が隣だから通り道になるんだよ。何のって？霊道だよ。ガラスを通り抜けて来るんだ。カーテン閉めてると、入ったはいいが出て行けなくなって、中にたくさんたまっちゃうからね！」

職員の忠告を話半分に聞いていた田形さんだったが、認識を改めざるを得なくなった。

田形さんがカーテンを閉めた翌朝のこと。

「長髪の介護士は規則で髪を結ぶのですが、先を歩く先輩のポニーテールの先が、リネン室の前でツンと上向くのを見ちゃったんです。廊下には先輩と僕しかいなかったのに」

先輩の女性介護士は険しい表情で振り返ったが、田形さんが髪に触れられる距離にいなかったため、すぐに疑いは晴れた。

また、田形さんが夜勤で同僚と二人詰めていたときのことだ。

入所者が寝静まった深夜、着物を羽織った坊主頭の高齢男性が一人で廊下を歩いて来た。男性は大儀そうに杖をつきながらゆっくり時間をかけ、介護士がいる当直室の前を通り過ぎた。老年期の男性は前立腺肥大のため頻尿になりがちなので、入所者が夜間トイレに起きるのは珍しくない。予想の通り、その男性はトイレの方へ進んでいった。

「見覚えのない顔の男性でしたけど、昼に新しく入所してきた人かな、と」

トイレで転倒しては一大事ゆえ、田形さんは安全確認のために男性の後を追った。当直室からトイレまではさほど距離はない。田形さんがトイレに着くと、男性が入った証に個室内の照明がポッと点灯した。

施設のトイレ照明はセンサー式で、人間を感知し自動的に点灯する仕様だった。

トイレの帰りに付き添うつもりで入口で待つが、男性はなかなか出てこない。腕時計を確認すると既に男性が個室に入ってから五分が経過していた。

田形さんが腕時計を確認した次の瞬間、ふっつりと個室の電気が消えた。

真っ暗になった個室からは、排泄音もしなければ人のいる気配もない。

試しに個室に手をかけると、何の抵抗もなくドアは開いた。鍵は最初からかかっていなかったのだ。人感センサー照明が灯ったというのに、男性は何処へ消えたのか。

パニックになって事務所に戻り、夜勤の相方に確認すると、彼もまた杖をついた着物姿の高齢男性を見ていた。男性が坊主頭であったことまで、田形さんと相方の見たものは一致した。

「あのお爺さんが廊下を歩いてるとき、杖をつく音が聞こえてこなかった」と相方が言った。田形さんが施設名簿を確認したところ、その夜の利用者は車椅子の人と自力で歩ける人のみで、杖使用の人はいなかった。その上、夜勤の介護士二人を除けばその夜の利用者は女性ばかりで、男性はいるはずもなかったという。

「そういえばあのお爺さん、トイレに入るときドアを開けなかったんです。杖をついたまま、個室にスーッと吸い込まれていって……そんなことできる人、いないですよね。

この日ほど夜勤明けまでの時間を長く感じた日はないですね」と田形さんは語った。

そんなことが日常茶飯事ゆえ、この施設で働く介護士には数珠を手首に巻いた人が多く見られる。


追加取材の際、田形さんに「最近、何か怖い体験はなかったですか？」と訊いてみた。

「うーん、最近はないですね」と田形さん。

そこを何とか、ちょっとしたことでも、とせまる私。

「亡くなったはずの入所者のお爺ちゃんやお婆ちゃんが施設内を歩くなんてしょっちゅうだし、死んだはずの人を見たと思ったらすぐ消えるし、誰もいない部屋から呼び出しコールはあるし、リネン室から複数の人が雑談してる声が聞こえるのでドアを開けたらシーツがぎっしり積んであるだけで中に誰もいないとか、亡くなった人の個室が窓を閉め切っているのにカーテンがバタバタと揺れたりとか、そういうのが日常になっちゃってますから……とりたてて、怖い話というのはないですね」

そう話す田形さんの手首には、きらりと魔除けの数珠が光っていた。

廃墟ガール　（富士市某所）

田形さんの知人である野本君の話。

その日の深夜零時過ぎ、野本君宅に友達三人が遊びに来た。こんな時間では店も営業していないので、ノリで心霊スポットに行くことになった。目的地は、野本君の家から車で一時間弱の山中にある廃墟。そこは権利関係でもめたらしく、何年も建物が取り壊されぬまま朽ち果てている廃病院だった。

早速、四人は一台の車に乗り合わせてそこへと出発した。

閉院してから手入れする者もなく、肝試しや不良のたまり場となっていたのだろう。

目的地に到着すると、そこはいかにも廃墟らしいワビサビを醸し出していた。

彼らは車を正門前に横づけし、廃墟探検の記念および証拠として写真を一枚撮った。

正門は施錠されていたが、無防備なことに裏口は開いていて出入り自由であった。

いざ侵入というとき、友人の一人が「俺怖いから、中に入りたくない」とゴネ出した。

廃墟とはいえ所有者のいる私有地ゆえ、勝手に入れば不法侵入の罪に問われる。警察のパトロールが来たら困るので、怖がりの彼を見張りとして車に残し、野本君ら三人はガラスの割れていた一階の窓から建物内へ探検に出かけた。

建物の中は外見から想像するよりも荒れ果てていた。床一面に割れたガラスや崩れた壁などの瓦礫《がれき》が散らばっており、歩くたびにスニーカーの底でじゃりじゃり、ごりごりと不快な音を立てる。

一階は待合室だったらしく、カウンター前に長椅子が並んでいるだけで、とくに興味を惹かれる物はなかった。

置き忘れられた誰かのカルテ、べったりと血痕のついたメスなど病院ならではのスペシャルアイテムを求めて、彼らは二階に上がった。床は瓦礫に埋もれていたが、不思議と階段は落下物が少なく上りやすかったという。

二階は一階よりも崩壊の程度が酷かった。部屋の壁が大破して、一目でフロアの奥まで見通せるありさまだ。期待に反し、二階にもめぼしい医療アイテムはなかった。カルテは個人情報保護のため処分し、医療機器など金目の物は売却済なのだろう。

「つまんねえな、ここ。丸見えだから、一部屋ずつ確かめるワクワク感が台無しだよ」

「ごく普通のただの廃墟だな。いい物があったら、土産《みやげ》に持っていくつもりだったのに」

彼らががっかりして帰ろうとしたとき、階段の踊り場で何者かに出くわした。

幽霊かと思った彼らが「うわっ」と声を上げると、相手も黄色い悲鳴を返してきた。

懐中電灯で照らせば、踊り場にいたのは若い女子三人組だった。一階から階段を上がって来たのだという。どの子も平均以上の可愛い顔立ちで、ひときわ怖がりらしい女子は隣の娘の腕にしがみついている。

男ばかりで肝試しに来た野本君は〈どうせなら女同士じゃなくて、俺の腕にしがみついてくれれば嬉しいのに〉と嘆息した。

二人の女子は積極的に話しかけてきた。

「肝試しですか？　私たちも来たばかりなんです」

「これから二階に上がりたいんですけど、怖いので一緒に行ってくれませんか？」

「同じ夜に肝試しなんて奇遇ですね」と意気投合して、野本君らは女子たちを案内するため、もう一度二階へ上がることにした。

その決定に女子二人はノリノリだったが、怖がりの女子だけは顔をひきつらせていた。男でも「中に入りたくない」とゴネて外で待っている奴がいるくらいだから、無理もない。怖がりな子に同情した野本君は、こう申し出た。

「肝試しが怖いなら僕と二人で外へ出て、皆が二階を見て来るのを待ってようか？」優しく声をかけたつもりが、怖がりの女子の様子が俄《にわ》かにおかしくなった。目が虚《うつ》ろになり、いきなり早足で階段を上りだしたのだ。

「どうしたの！」と叫んで引き留めようとする連れをも振り切って、彼女は階段を駆け上がって行く。

「やだっ、あの子なんかおかしい、変ですよね？」「一緒にあの子止めて下さい、お願い」

残る二人の女子たちはかわるがわる言うと、彼女の後を追って行く。

野本君らは「どうしよう」「なんかヤバイな」「でも、放っとけないだろ」と話し合い、少し遅れて階段を上がった。

二階に上った野本君らは呆然とした。階段では最後尾の女子の背中が見えていたのに、二階に彼女らの姿はなかった。

先刻見て回った通り、二階はもれなく部屋の壁が打ち崩されて見通しもよく、人が隠れられそうな障害物もない。

楽しく女子とおしゃべりしたのが嘘のように、廃病院はしんと静まり返っていた。

「あれ、あの子らいないじゃん」「なんで？」「どうしよう？　どうしたらいい？」

床を歩けば、じゃりじゃりとガラスの破片や瓦礫を踏む音がするはずが、聞こえるのは彼らの乱れた息遣いばかり。

「あの子らがいないのなら仕方ないよ、俺らは帰ろう」

わけもわからぬまま、野本君らはとりあえず一階に下りることにした。

階段へと踵《きびす》を返した瞬間、ドーンと背後に何かが落下してきた。

床に当たった固い物は粉々に砕け散る。

最後尾にいた野本君の背中をかすめたのは、照明灯だった。地震でもないのに、天井に固定されていた照明灯が何故、このタイミングで落ちてくるのだろうか。

怯えた彼らは階段を二段飛ばしで下り、裏口から飛び出すと一目散に車へ駆け出した。

車に乗り込むなり、野本君は見張り役の友人に尋ねた。

「なあお前、さっき女の子が三人、ここを通って病院の中に入ってっただろ」

「えっ、女の子？　お前らが入っていってから、ここには誰も来てないけど？」

「嘘だ、車にいたなら、オレらが女の子としゃべってんの聞こえたろ！」

「お前らの声なら聞こえたけど……女の子の声なんて聞こえなかったよ」

周囲に車は、彼らが乗ってきた一台しかない。山奥ゆえ、歩いて行ける範囲に民家もない。ならば彼女らは、何処からどうやって来たというのか。

帰りの車中で友人の一人の発言を聞いた野本君は思わず肝を冷やした。

「階段であの子らに会ったとき、びっくりしたのは真っ暗だったからだよ。女の子らは手に懐中電灯どころか、スマホも持ってなかったから」

二階からの階段を下りるにあたり、野本君たちは足元を懐中電灯で照らしていた。女の子たちが階段を上がって来た際、自分らの懐中電灯の他に近づいて来る光などはなかった。彼女らは照明器具を持たずに、瓦礫だらけの暗闇を音もなく歩んで来たことになる。

帰り際に車中から振り返ると、深夜の廃病院は静寂の中、闇に沈むようにして聳《そび》えていた。

朝になって、野本君は昨晩に廃病院で撮ったスマホの画像を確認した。一枚だけ記念に撮ったその画像には、ふざけたポーズを決める彼らに覆い被さるように、白い靄《もや》のような物が写り込んでいた。

見ていると気持ちが悪くなり、即座に画像を消去した野本君であったが、ふと画像フォルダを開くと写真がまだある。ゴミ箱から選択して完全に削除しても、あの画像は何度も何度もスマホの画像フォルダに蘇ってしまう。

野本君が友人らに復活する心霊画像のことを打ち明けると、四人全員でお祓《はら》いを受けることになった。

その後、お祓いの甲斐があったらしく、スマホにあの画像は復活しなくなったという。

この廃病院に三人で肝試しに行ったら三体の霊が出て来たというが、この廃墟は肝試しの人数に対応して怪異を起こしてくれるのだろうか。一人で行けば一体、五人で行けば五体、百人なら百体出るのか試してみたい。

また、男性の肝試しには女性が出てきたようだが、女子グループで肝試しをしたら出てくるのは異性なのかも気になるところだ。だが、私有地のため本来は侵入禁止であり、物理的に崩落の危険が大きい場所のため、実験は無理そうである。

ゴムゴムの……（静岡市葵区瀬名）

宮崎君の通う高等学校はコの字型の校舎が特徴的で、晴れた日には陽当たりのいい中庭に生徒らが集う。

「陽キャは日の当たる場所に集まるけど、俺は校舎の外壁と塀の間がお気に入りっすね。まあ、自慢じゃないけど陰キャなんで」

とある曇天《どんてん》模様の昼休み、宮崎君はお気に入りスポットで壁にもたれてスマホを見ていた。好きなマンガやアニメの感想スレッドをそこで閲覧するのが彼の日課であった。

「その日、四階の窓から珍しく誰かがこちらを見てたんです」

校舎の最上階から彼を見下ろしているのは、制服姿の女子、一人。

「あの子も俺と同じで、陰キャのぼっちなのかなあって。正直、気になりました」

地上から四階を見上げた彼は、しばしその女生徒に見惚《みと》れてしまった。

「地上から見てもわかるほど、ドキッとするくらいに綺麗な子でした。そのころ俺がハマってた、ラノベのヒロインにちょっと似ていて」

壁際で四階の窓を見上げる宮崎君と、窓から彼を見下ろす黒髪ロングの少女。しばし穏やかな時が流れた。

「あんな綺麗な子と親しくなれたら、俺もラノベの主人公みたいな華やかな学校生活が送れるかもしれない」

そう思いはしても、実現のための一歩が踏み出せない。やるせない気持ちで宮崎君は教室に戻った。

次の日、快晴の空の下で宮崎君はいつもの場所から四階の窓を見上げたが、昨日見かけた女子の姿はそこにはなかった。

「それ以来、いつもの壁際に行くと、四階を見上げてあの子の姿を探すようになりました」

そのうち、少女に会える日の法則性がわかってきた。

晴れの日にはいない。雨の日にも見かけない。

彼女は曇りの日にだけ、四階の窓からこちらを見下ろしている。

宮崎君は、いつもの場所で彼女と見つめ合える曇天の日を楽しみにしていた。

彼女の方も、宮崎君を見かけると、にこやかに微笑みかけてくる。

曇りの日だけしか会えないが、脈ありと思った彼は、曇天のある日、アクションを起こしてみた。

とはいえ、奥手な彼に出来るのは、どきどきしながら彼女に向けて手を振ることぐらいだった。

「あの子が手を振り返してくれたら、地上から呼びかけて会う約束をして、実際に校舎のどこかで待ち合わせして友達になってくれるよう頼むつもりでした」

なんとも微笑《ほほえ》ましい計画だったが、曇り空の日に彼はいつもの場所で彼女を待った。

彼が一人で壁際に佇《たたず》んでいると、最上階の窓から彼女が顔を覗かせた。

いつも通りに見つめ合った二人。

「今日はもう一歩先に進んでみせる！」

宮崎君は彼女に向けて手を振った。飼い主との散歩を喜ぶ犬が尻尾を振るように、ぶんぶんと腕を振る彼に、彼女は手を振り返してくれた。

「やった！　脈ありだ、もっともっと、仲良くなれるぞ」

そのとき、〈びゅう〉と彼の目の前に何かが振り下ろされた。確認しようと彼が目を凝らした瞬間、それは大きくしなって最上階の窓まで引き上げられた。

「この目で見たけど信じられませんでした。目の前に振り下ろされたのが、彼女の手だったなんて」

鞭《むち》のようにしなる手がもう一度地上に振り下ろされる前に、彼は全速力でその場から逃げた。幸い、彼女の手が逃げる彼に届くことはなかった。

一ヶ月ほどかけて育んできた彼女への好意は、消し飛んでしまったという。

その日、帰宅後も宮崎君は昼間の一件で気分が塞いでいた。

「あの子、人間じゃなかったなんて……わけがわからない物に失恋するなんて俺、馬鹿みたいだ」

しきりに一人息子を気にして声をかけてくる母親を無視し、自室で落ち込んでいると、仕事一辺倒の父親が珍しく「どうした？」と彼に話しかけてきた。

「どうせ信じてくれないだろうし、あの子のことは話したくなかったんですけど」

父親がしつこく食い下がってくるので、彼は渋々今日の出来事を打ち明けた。

笑い飛ばされると思ったが、存外、父親は彼の話を真剣な表情で聞いてくれた。

「そうか、まだいたのか……」と呟《つぶや》く父親。

父親も同じ高校の卒業生で、在学時に〈最上階の窓から覗く美少女〉を見たのだという。

宮崎君の父親も、彼に似て高校時代は一匹狼的な存在であった。そんな彼も当時、校舎裏の壁際の日陰を憩いの場としていた。

そして、彼の父親はそこで最上階から覗く美少女に出会う。曇りの日にだけ、地上と最上階に分かれて見つめ合い微笑み合うところまで、父親の話と宮崎君の体験は一致していた。

二人の話が異なるのは、見つめ合うだけに飽き足らず、男子側から彼女に行動を起こしたときのことだ。

「お前はまだ〈手〉で良かったな。俺のときは〈首〉だった」

宮崎君のときは彼女の〈長く伸ばされた手〉が降ってきたのに対し、彼の父親のときには、目の前に彼女の〈首〉が最上階の窓から降りてきたのだそうだ(*)。

眼前にまで降りてきた微笑む美少女のろくろ首に、当時学生だった父親が恐怖と嫌悪の混ざった表情を向けると、それは最上階の窓へ戻って行ったという。

「手と首では目撃したときのショックの度合いが違うからな。それにしても、親子で同じ奴に引っかかるとはなあ」と父親は苦笑していた。

「それにお前も俺の遺伝で、目が悪いよな。それでも彼女の顔は双眼鏡で見たみたいに、目鼻立ちまではっきり見えただろう」

頷く宮崎君に、父親は続けた。宮崎君も父親も親子ともに眼鏡をかけており、しかもレンズを眼鏡店に特注するほどの強度近視なのだ。

「四階の窓から覗く女の子の顔なんて、俺らの視力で鮮明に見えるわけがないだろう？」

その日は久々に父子で長らく語らってしまった宮崎君であった。

「最初の出会いから既に、あの子が人間じゃないって手がかりがあったのに、見落としてたんですね。今まで、アニメやラノベに出てくる亜人の彼女、いいなあと思ってたんですけど、リアルじゃ怖くて無理でした」

宮崎君の見た手の伸びる美少女と、彼の父親が見た首の伸びる美少女。果たして同じ女子なのかは不明だが、学校の四階の窓から下にいる男子生徒を曇りの日に見下ろしてくる点は一致する。

霊か妖怪かはわからないが、日光の苦手な、美しい女子の姿をした何かがその学校には棲んでいるようだ。

数十年にもわたって、彼女が高校に棲み続ける理由は何だろう？

ひょっとすると、彼女は在校生の中から伴侶を探しているのかもしれない。宮崎君は父親似ということなので、父子揃って彼女の好みのタイプの顔だったのだろう。

（＊）宮崎君の父親の体験については拙作「学校で一番の美女」に詳述している（平山夢明 監修「怪談実話 FKB饗宴7」に収録）。

知らせ　（伊豆某所）

とある旧家で起きた、昔々の話だという。

その家の当主が青年だったころ、縁あって若く美しい女性を嫁に迎えた。

新妻は容姿が可憐《かれん》なだけでなく、頭脳明晰《めいせき》で何事にも秀でて気だてが良く、それでいて少しも驕《おご》ることなく下々の者にも優しかったので、嫁いですぐに婚家に馴染み、可愛がられた。

それまでは少し薄暗く感じられていた広大な屋敷は、彼女が嫁に来てからというもの、空気が和らぎ華やぐようだった。舅《しゅうと》、姑《しゅうとめ》も嫁いびりなどする気は毛頭なく、本当に良い嫁を貰ったものだと日々笑顔で言い合ったという。

見合いながら好き合って結ばれた者同士である。当主と新妻の仲睦まじい暮らしぶりは、「絵に描いたようなおしどり夫婦」と噂されるほどで、家の者は皆、新婚夫婦の幸福を願っていた。

しかし、現実は非情であった。

美しい新妻は、ある朝目を覚まさなかった。当主が揺り起こそうとすると、彼女の体はとうに冷たくなっており、夜のうちにこと切れていたようだった。

それまで彼女は健康そのものであったたし、持病もないと聞いていた。昨晩までは何事もなく、輝くような笑顔を見せてくれていたのに、どうして突然亡くなってしまったのか。

家の者は皆、身も世もなく嘆き悲しんだ。中でも、夫の悲嘆は凄まじかった。生木を裂かれるようにして、最愛の半身を失ったのだから無理もない。両親の助力もあり、気力を振り絞って彼女の葬儀を済ませてからの当主は、一気に十も二十も年老いたように見えた。

親や伴侶との死別は、愛別離苦の中でも最大級のストレスである。妻の死の衝撃から、当主は酷《ひど》い抑うつ状態に陥《おちい》った。家の仕事はなんとかこなすものの、悲しみの深さから夜はほとんど眠れず、食事もろくに摂らなくなったのだ。

痩せ衰えて幽鬼《ゆうき》のようになった当主を見て、家の者は「このままでは死んでしまう」と心配し、励ましたが効果はなかった。

当主の想い人は、夭折《ようせつ》した妻である。妻に会いたい、一目でもいいからもう一度、その可憐な姿を見たい。夢でも妻に会えないと当主は悲しみに沈んでいた。

そんな日々が続き、もう当主の体が保たないと思われたころ、待望の人が姿を見せた。

亡き妻が現れたのはその家の竈《かまど》の傍で、生きていたときと同様に可憐な花のような笑顔であった。色白な顔を薔薇《ばら》色に染めた妻は、お気に入りだった服を着て、生まれたばかりの真っ赤な顔の赤ん坊を幸せそうに抱いていた。

「お前、おなかに赤ちゃんがいたのか……」

駆け寄った当主の手が届く前に彼女は消えてしまったが、その姿を見た者は嬉しさのあまりに涙した。

当時、生前の妻が妊娠していたことを知る者はいなかった。妊娠初期でおなかの目立たない時期ゆえ、一つ屋根の下で暮らしていながら誰も気づかなかったのだ。彼女本人はわかっていたろうが、伝える前に急死してしまったので、赤ん坊を抱いた姿を見せて、それを知らせたかったのだろう。

それ以来、当主は心を強く持って立ち直ったという。

たった一度の邂逅《かいこう》で悲しみが癒《い》えたはずもないが、亡き妻からのメッセージを受け取ったことで、前進出来たのだろう。

当時は土葬ゆえに「墓を掘り起こして、赤ん坊のお骨を確かめて埋葬し直したらどうか」という意見も出たが、実行はされなかった。以来、赤ん坊のための小さな茶碗を亡き妻の物と並べて仏間に供えるようになったそうだ。

古来、日本では妊婦が難産で亡くなったり、妊娠中に亡くなると「うぶめ」（産女、孕婦または姑獲鳥とも）という妖怪になると噂した。

妖怪「うぶめ」は夜に赤ん坊を抱いて現れるとされ、うぶめから赤ん坊を抱かされるとどんどん重くなって潰し殺される、夜に飛来してきて子供を攫《さら》う、夜中まで干してある子供の衣服に血をつけてその子を病気にさせるなど、陰惨《いんさん》な言い伝えが多い。

このように、生者を励ます明るい話は珍しい。

また、亡き妻が竈の傍に現れたというのも興味深い。日々の食事を煮炊きする竈は主婦のテリトリーゆえ、妻がその家の味を姑から教わることもあったろう。

日本では竈の神を「荒神様《こうじんさま》」と呼び、一家の主婦が祀るものとされていた。もしかしたらこの一件は霊や妖怪などは関係なく、屋敷を守る荒神様が若い夫婦のために起こしてくれた奇跡だったのかもしれない。

化生（伊東市）

海沿いの家に一人暮らしの雅代さんは、背筋のピンと伸びた良い姿勢で矍鑠《かくしゃく》としておられるので、とても御年九十歳には見えない。

彼女がまだ二十代で、この家に夫婦二人で暮らしていたころのことだ。

その日、彼女は夕餉《ゆうげ》の支度をしながら夫の帰りを待っていた。

夜遅くになって「帰ったぞ」という外からの声を聞いた彼女が、鍵代わりのつっかい棒を外して引き戸を開けると、疲れを顔に滲《にじ》ませた夫がうっそりと立っていた。

彼女が手早く食卓に並べた献立は、鶏肉の鍋とご飯、漬物と一杯のビール。

「旨い旨い」と夫は満足げな笑みを浮かべて白米を握り箸《ばし》で掻き込んでいく。あまりの勢いに、食卓に米粒がびちゃびちゃと飛び散った。

いつもはもう少しお行儀が良いのに、よほどこの日は仕事がきつかったのだろうと思いつつ、雅代さんは自分の飯をよそっていた。

そこに、ドンドンと引き戸を叩く者がある。

こんな夜中に家を訪《おとな》う者は稀《まれ》だった。雅代さんが「誰だい？」と訊くと「俺」と答える。その声に驚いた彼女がつっかい棒を外して扉を開けると、うっそりと男が立っていた。疲れを滲ませた顔で立っていたのは、彼女の夫だった。

彼女は食卓に着いている男と、玄関で靴を脱いでいる男を交互に見比べた。

先に帰って来た夫と、たった今帰って来た夫は同じ顔、同じ服を着て寸分たがわぬ姿である。

そんな馬鹿な。おろおろと戸惑《とまど》う彼女に、後から帰って来た夫が一言、「飯」と言うので、彼女は慌ててよそったご飯を夫に差し出した。後から来た夫と先に帰って来た夫は、立ち尽くす彼女の前で並んで黙々と飯を食っていた。

握り箸、茶碗から飯を掻き込む様子、野菜を嫌って肉ばかり選ぶところや、冷ましてから鍋つゆを啜《すす》る猫舌ぶりまで、二人の夫は双子のように似ていた。

彼女は「ちょっと失敬」と、食事中の夫どもの首筋に鼻を付けてすんすんと匂ってみた。どちらからも同じ匂い、日ごろ嗅ぎなれた中年男の体臭がする。

「参ったなあ、これじゃあ私には区別がつかんわ。全然わからん」

彼女がこぼすと、二人の男はぼんやりと顔を見合わせた。

「まあ、ヤッたらさすがにわかるんだろうなあ」

彼女が下品な物言いをすると、片方の男が小さな声で「はしたない」と呟いた。その男の表情には女性からあけすけな物言いが出たことに対しての驚愕と、ほんの少しの軽蔑が混ざっているように見えた。もう一人の男は、彼女の言葉に大した反応を見せず、能面のような顔でコップに注いだビールを舐めていた。

「そのとき、私にはなんとなくどっちが偽者かわかったのさ」

彼女が夫婦用の布団と来客用の布団を並べて敷くと、寝間着に着替えた夫たちはそれぞれ、二つの布団の端に横になった（そのころ雅代さん宅では、風呂は週に二度くらい入る習慣で、その日は入浴予定ではなかった）。

どちらの夫とも寄り添って眠る気にはならなかった雅代さんは、皿を洗ってから懐《ふところ》に鉈《なた》を隠し、くっ付けられた敷布団の真ん中に横たわって寝たふりをした。

そのうち、一人の男がいびきをかき始めると、もう一人の男がのそりと布団から立ち上がった。彼女の夫は身長が百七十センチほどであったが、立ち上がった男は子どもの如く、百四十五センチの彼女よりも身長が低くなっていた。

カーテンのような洒落《しゃれ》た物のない窓から漏れる月明かりにより、彼女は小さな男の一挙手一投足を凝視していた。

彼女は物音を立てぬよう、そうっと小さな男の後を追って起き上がった。

男がやけに小さな足で土間に降り立ったとき、彼女は手にした鉈を思い切り男の肩に振り下ろした。

「ぐわっ」と肩を押さえ、よろめきつつも男は玄関へ小走りに駆けて行く。逃すものかと追う彼女。引き戸を開けて外に男の半身が出たところで、二回、三回と頭頸部《とうけいぶ》を狙って鉈を叩きつけると男はおとなしくなった。

満月の下、男の胴に馬乗りになって見れば、その顔はもはや夫とは似ても似つかぬ中年男の顔になっていた。深手を負った男は息も絶え絶えに命乞いをした。

「助けてくれたら、お前の家に幸運をやる！」

化生《けしょう》が言うのだから、本当かもしれない。彼女は一瞬逡巡《しゅんじゅん》したが、そもそも夫の振りをして彼女を騙した者が、口約束を守るとは限らないと思い直した。

それに、人を幸運にするほどの神通力を持つ者を切りつけておいて逃がしたら、どんな報復を受けるかわからない。

やるしかないと決意した彼女は、夫の偽者だった物をさんざん鉈で殴りつけた。人ではない物をどうやって殺せばいいのかわからず、闇雲《やみくも》に刻んでいると、それは次第に人の形が解けて灰色の毛の生えた肉の塊《かたまり》となった。

彼女は偽者の残骸《ざんがい》をまとめると庭の端にある絶壁から海へ落として始末した。その間、本物の夫はぐっすり大いびきであった。

朝起きてから、夫が彼女に偽者の行く末を問うこともなかったという。

自分そっくりな人が家に居れば、どちらが本物かと問い質《ただ》したり、もっと騒ぎになるのが普通なのではなかろうか。

「旦那は心の広い人だったから、そんな小さいことは全然気にしないのよ」

多分逃げ出そうとしたのであろう化生、偽物だと判別出来たのは何故？

「あの人はとにかく無口な人だったから、八十で死ぬまで『飯』『風呂』ぐらいしか言わんかったくらい。だから、わかったの」

どうやら口数の多い方が偽者だったようだ。

ちなみに、夫が寝間着に着替えるときに脱いだ作業着は残っていたが、偽者が脱いだ服は木の葉などに変わることもなく、家の中から消え失せていたという。

変装に依らず、男の容貌や背丈が瞬時に変わったこと、変化を解いた偽者の足には踵《かかと》がなく獣のようであったこと、肉片となった死体に大量の灰色の毛が生えていたことから、彼女が殺したのが「人」である可能性は否定できるだろう。

七十年前は、戦後五年の昭和である。電気も通った近代的な生活の中、「獣が人を化かす」ということが、その時代はしばしばあったのだろうか。

「いやいやいや、あるわけないよ。そんな体験、私も長い人生でこの一度だけよ。フッフッフ」

それにしては対処が手馴れすぎているような気もするが、そこは聞かぬが花だろう。

偽者が夫の体臭までもそっくりに化けていたことに、雅代さんは感心していた。

しかし、顔や体臭が似ていると感じるのは人の心である。もしかしたら偽者が実際に変身していたわけではなく、似ていなくとも「そっくりだ」と雅代さんに思わせるよう、彼女の脳に影響を与えて視覚嗅覚を眩《くら》ませていたのかもしれない。

ツチビト　（静岡県某所）

父子家庭で育った綾乃さんは小学生時代、父親の転勤に伴って数え切れぬほど転校していた。

「一年間で、一学期、二学期、三学期をそれぞれ別の学校に通ったこともあるくらいでした」

どんなに仲良くなった友達でも、ひとたび転校すれば友情は長続きしなかった。ネットや携帯電話のない時代で連絡といえば文通であったが、長くても一年ほどで手紙のやり取りは絶えてしまった。

低学年のころは寂しさから涙したこともあったが、彼女は次第に、自分の力ではどうにもならない環境の変化を諦め、受容していった。

「四年生のころには転校慣れしてましたから、いじめのターゲットにならずに次の転校までやり過ごすだけの、割り切った学校生活を送っていました」

目立つ子、変わった子、自己主張の激しい子。その逆に、おとなしすぎる子もいじめられやすい。

そこで彼女が編み出したのは、普段は鼻につかないレベルの良い子を演じ、近づいて来る子とは仲良くするが、去っていく子は追わない〈浅く広くにこやかに〉をモットーとする人づきあいであった。このやり方で、綾乃さんはたいていの人間関係トラブルを未然に防いできたという。

「そんな風に幾つもの学校へ通っていたので、記憶があいまいなんですが」

小学五年生のとき、静岡県東部もしくは東部寄りの中部にあった学校で、彼女が体験したことだという（西部でないことは確かだそうだ）。

「その学校には敷地内の校庭の隅に、生徒が入っちゃいけない場所があったんです」

禁足地とされていたのは、一辺が数メートルの長方形の土地だった。周囲には柵のみならず、余程立ち入ってほしくないのか有刺鉄線まで張られていた。

「そこ、古墳《こふん》か何かだったのかな？　上に建物などはなくて、雑草が生え放題になっていました。あまり大事にされている感じではなかったですね」

変わっていたのは、〈雨の日には校庭の柵で囲われた禁足地を見てはいけない〉というタブーが学校にあったことだ。

「晴れとか、曇りの日には別に見ても構わなかったんです。雨の日だけはダメだと、私は転校してきたとき、隣の席の子から耳打ちでこっそり教えてもらったんです」

雨の日の決まりを教師も含めて学校の皆が順守していたという。

校庭の一部を見てはいけないなら、雨の日はどうやって登校するのだろう。校庭から顔を背けて歩くのだろうか？

「いえ、朝と夕方の登下校時は平気でした。見ちゃいけないのは〈雨の日の昼間〉に限られていて」

その理由を訊くのを憚《はばか》られる空気があったために、何故それが〈雨の日の昼間〉だったのか彼女は知らない。

「転校して一ヶ月くらいのときに、朝から土砂降りの雨が降ってた日があったんです」

朝の会で教師がこう言った。

「今日は雨だから、昼休みに窓の方は見ないように。校庭に出てもいけない。みんなわかってるな！」

子供ながらクールな性格の綾乃さんは、その決まりがどういうことなのか気になってしかたがなかった。

校舎一階にある五年生の教室で、彼女の席は窓際の一番後ろである。先生さえ誤魔化せば、校庭を見てもばれないはずだ。

うわの空で授業を受けているうちに、給食の時間となった。いつもならば班ごとに机を向かい合わせに移動させるのだが、雨の日は席を動かさずに皆黙々と給食を食べる。校庭で野球だサッカーだと遊び回る男子たちも、雨の日の昼休みは静かに自分の席で本を読んでいた。

午後の授業の始業時間が迫ってきたとき、クラスの空気がぴりっと緊張した。

隣の子がぼそっと「ツチビトが来る」と囁《ささや》いた。

「ツチブタなら動物図鑑で見たことあるけど、ツチビトって一体何だろうって」

彼女はツチビトを是非とも見てみたかった。

皆に気づかれぬよう、校庭を観察しよう。彼女は持っていたセルロイドの下敷きを窓にかざして、それに校庭の様子を映そうとした。だが、角度を調節しても、傷だらけの下敷きは上手く像を結んでくれない。

そこで、彼女は小さな手鏡を取り出した。

「木彫りの小さな手鏡は亡くなった母の形見で、ポーチに入れて肌身離さず持ち歩いていたんです」

勉強しているふりをして、教科書の陰に手鏡を隠して校庭を映してみる。

朝からの雨で地面はすっかりぬかるんでいた。水はけがよくないのだろう、校庭は広々とした水田のように見える。

中でも、柵で囲われた禁足地から、どうどうと泥流が迸《ほとばし》っていた。

そのとき、泥の中から起き上がる物があった。小さな手鏡に目を凝らすと、茶色い物が柵の外に立っている。棒に手足を付けたような泥人形だ。

泥の塊《かたまり》のようなそれは、降りかかる雨で形が崩れることもなく、関節のない棒のような足で校庭をのし歩いていた。

彼女は興奮したが、小さな手鏡では外の様子を見るにも限界があった。

「一目だけならいいよね、わからないよねと思って」

彼女は手鏡をスカートのポケットにしまうと、できるだけ顔を動かさずに視線を窓の方へ向けた。

すると目の前、窓のすぐ外に茶色い人が立っている。

「手鏡で見たときは禁足地の周りを歩いていたのに、どれだけの速さで校舎の傍まで移動してきたのかしら」

席のあちこちから悲鳴があがり、教室が騒然となる。彼女は窓の外に立つ茶色い人から目を離せなかった。茶色い人は彼女に向けてスッと手を上げた。

「薪《まき》ざっぽみたいだった手に、ちゃんと五本の指がついていて」

一本の棒だった胴体にも、微《かす》かな胸の膨《ふく》らみと胴のくびれが見てとれた。

頭部には泥で出来た髪のような造形が浮き出して、ほっそりした首の上には見たことのある女の子の顔があった。

「あっ、これ、私の顔だと思いました」

泥人形が〈私〉になろうとしている。

クラスの子たちが逃げ惑う中、椅子に腰をおろしたまま、彼女の意識は途絶えた。

目が覚めたとき、彼女は自分の部屋でベッドに寝ていた。窓の外は暗く、夜だと思って彼女は安堵《あんど》した。

「その日、学校では私服でポロシャツにスカートを着てたけど、起きたらパジャマ姿だったので〈ああ、怖かった。私、リアルな悪夢を見てたんだ〉と思ったんです」

ドアノックの後、父親が綾乃さんの部屋に入って来た。

電気のスイッチを入れて部屋が明るくなったとき、父親は少し怒った顔をしていた。

「お父さん？」と体を起こそうとする彼女を制して、父親は「もう、あの学校には行かなくていい」と怒りを押し殺したような声で囁《ささや》いた。

父親が部屋から出ていく際、時計を見ると時刻は夕方の六時半だった。

「あれは、夢じゃなかった。給食の後、ツチビトに遭ってからの六時間、私の記憶が飛んでたんです」

父親が置いたのだろうか、彼女の学習机の上に母親の形見の手鏡がある。

昼間、この手鏡でツチビトを映して見たのだ。

彼女が手鏡を裏返すと、鏡の表面は曇りガラスのように白く濁ってしまっていた。

「母親の形見ですから綺麗にしようと、布で磨いてみたんですけど」

どんなに磨いても、鏡が元の輝きを取り戻すことはついになかった。

その後、彼女は数日学校を休まされた後、別の県にある社宅への引っ越しおよび転校が急遽《きゅうきょ》決まった。

「父親の宣言通り、二度とあの学校へ通うことはありませんでした」

ツチビトは何故雨の日に学校に出たのか、その後、彼女を模したツチビトがどうなったのかはわからない。

「……私もずっと気になっているので、もしご存じの方がいるのであれば、詳細をご一報いただけたらと思っています」


この一件は昭和五十四年の出来事だという。

彼女は、「ツチビトが私にもたらすはずだった災厄《さいやく》を、母の形見の手鏡が身代わりに受け止めてくれたのではないか」と考え、現在もその手鏡を大事に所有している。

静岡県内には、敷地内に古墳のある学校も幾つかあるが、そのどれもが彼女の記憶とは微妙に異なり、学校の特定には至らなかった。ツチビトというのも隣の席の子の発言だけであって、公称かどうかは不明である。

もしもツチビト情報をお持ちの方がいらしたら、当方までご連絡いただければと思う。

ミカン畑でつかまえて　（伊豆の国市小坂）

静岡県の名物といえば、まず浮かぶのは緑茶とミカンだろう。

ミカン全体の生産量ランキングでは、二〇二一年度こそ和歌山県にリードされ、愛媛県に猛追されてはいるが、こと普通のミカン（青島温州《あおしまうんしゅう》という品種）にかけては作付面積、生産量ともに静岡県が全国一位を誇っている。

ここからはミカン畑と奇縁のある青年、西島君の体験である。

西島君は小さなころ、よく家の近所のミカン畑で学校の友達と遊んでいた。

「もちろん、有料で観光客を入れるようなところはダメだけど、知り合いの家の畑では大丈夫だった。大目に見てもらってたんだ」

農家の方々も顔見知りの子供たちには優しく、「ミカンの木に悪戯《いたずら》をしなければ可」なる条件付きで、畑は子供たちの遊び場になっていた。

「ミカン畑は斜面が急だからね、追いかけっこで畑の上から下まで全速力で駆け下りたり、逆に下から上まで駆け上がったりしてね。とても楽しかったな」

ミカンは山の段々畑で栽培されるのだが、これには果実への日当たりを良くしたり、水はけを良くする利点があるという。

「その日も学校の友達三人と、ミカン畑で追いかけっこして遊んでいたんだけど」

さんざんはしゃいで駆け回った彼らが、不意に揃って立ち止まったときだった。

がさがさ、がさがさ、がさがさがさ。

「一休みしてたら、草を踏む足音が近づいて来たんだ」

ミカン畑の地面は雑草で覆われ、そこに枯れたミカンの葉が落ちるため、踏むとがさがさ足音がするのだという。

「学校の友達が後から合流してきたのかと思って、〈誰?〉って声をかけてみた」

足音の主は西島君の問いかけに答えることなく、がさがさ、がさがさと彼ら四人の周りを走り回るだけだった。常緑低木であるミカンの樹高は二メートルほどだが、密に生える枝葉に隠されて無言で走る者の顔が見えない。

「でも、ミカンの木の、幹のところの隙間から一瞬見てしまった」

足音の主は〈足〉だった。手も胴体も頭部もない、膝《ひざ》から下の足だけが、ものすごい速さでがさがさと縦横無尽《じゅうおうむじん》に駆け回っている。

足音の正体を目撃した西島君ら四人は悲鳴を上げて、ミカン畑からそれぞれの家に逃げ帰った。

その日の晩、西島君が自宅二階の子供部屋でそろそろ寝ようとパジャマに着替えていたときだった。

「コンコンって、窓がノックされたんだ。この家に住んでいて、二階の窓をノックされたのはこれが最初で最後だろう」

迷うことなく彼はカーテンを引き、窓の錠を外して開けた。

そこにいたのは、放課後にミカン畑で一緒に遊んだ内田君だった。

「幽霊じゃなくてホッとした。あいつは宙に浮いているんじゃなくて、窓の下に張り出した屋根の瓦の上に足を乗せてたから、生身の人間だと思った」

あれ、でも、俺、内田に家を教えたことあったっけ？

学校で同じクラスゆえ、内田君と校庭やミカン畑で遊んだことは何度もある。だが、これまでに彼を家に招いた覚えはなかった。

家の住所は知っている子に訊いたのかもしれないが、内田君は西島家の子供部屋の位置まで、わざわざ調べてきたのだろうか。

「ウッチー、どうしたのこんな夜中に……?」

問いかけると、俯《うつむ》いていた内田君が顔を上げた。悲しいことでもあったのか今にも泣きだしそうな表情で、顔色もやけに青白い。こんなに元気のない内田君をそれまでに見たことがなかった。

「俺、ニシに訊きたいことがあるんだ」

喉から必死に絞り出したようにかすれた声で、内田君が言う。

「ねえ、ニシ、見て……俺の足、ある?」

問われて視線を下に向ければ、彼の足はちゃんとあった。内田君はスニーカーに包まれた華奢《きゃしゃ》な二本の足で、西島家の屋根瓦を踏みしめて立っている。

「足、あるじゃん。変なこと訊くなよ」

西島君の返答に内田君は満足げな表情を浮かべ、はにかみながらこう呟《つぶや》いた。

「そうだよね、あるよね……」

バイバイと手を振る内田君を見送らずに、西島君は子供部屋の窓を閉めて施錠し、カーテンを引いた。夜の九時半を過ぎていたので、眠くて限界だったのだという。それゆえ、屋根に乗っていた内田君が、どうやって二階から家に帰ったのかは謎である。

ときどき一緒に遊ぶ程度のクラスメートだった内田君が、何故あの夜、約束もせずに西島君の家を訪ねてきたのだろう。しかも、玄関からではなく、二階の窓をノックするという破天荒な方法で。

「変な足が出てから、僕はミカン畑で遊ぶのをやめたんだ。それでウッチーと一緒に遊ぶこともなくなった」

夜の訪問以来、内田君と面と向かって話す機会はなかった。

西島君はどういうわけか内田君に避けられるようになったのだ。

小学校卒業後、彼らは別々の中学校に進学した。親友というほどの関係でもなかったので、同じ市内に住んでいても学校が違えばほとんど会うこともない。まるで別の世界に住んでいるようだった。

いつしか内田君のこともほとんど思い出さなくなり、西島君は高校、大学と順調に進学していった。

西島君が再び内田君の状況を知ったのは、都内の大学入学後の夏休みのことだ。

「関東から里帰りしたとき、うちの母が〈小学校のころ同じ学校だった内田君、覚えてる?〉って言ったんですよ、〈覚えてるけど、どうかした?〉って訊いたら……」

内田君が交通事故に遭ったのだという。

大学受験に失敗し、浪人生活を送っていた内田君は、先日トラックに轢《ひ》かれてしまった。西島君の母親の知人からの噂を聞いたのにすぎず、事故なのか自殺未遂なのか、詳細は不明だった。

命には別条ないものの、重傷を負った内田君は市内の病院に入院しているという。

「〈お見舞いに行ってあげたら?〉って母からは言われたけど、小学生のときに少し遊んだくらいの仲で、ずっと疎遠にしていたから……入院中のあいつに今更どんな顔で会えばいいのかわからないし、冷たいようだけど正直、面倒だなって気持ちもあって」

結局、西島君は内田君の見舞いには行かなかった。浪人生活に悩んでいたらしき彼の前で、現役合格して大学生活を謳歌《おうか》している自分が顔を出せば、嫌味になるとも思った。

「小学生のときに急に避けられるようになったことが思い出されて、気が引けてしまった。今なら会いに行くべきだったと思う。最後のチャンスだったんだから」

西島君が都内の大学の寮に戻って数日後、彼の元に訃報が届いた。

「母から電話で〈内田君が亡くなった〉と知らされて」

母親は事情通の人から聞いてきたようで、彼の死因までも西島君は知ることになった。

内田君の死は薄々西島君が感じていたように、自殺であった。

浪人生活中だった彼は、思うように模試の順位が上がらず、偏差値が志望校のレベルに届かないことを日ごろ悩んでいた。

ある日、思いつめた彼は道路へ身を投げ、トラックに身体を轢過《れきか》されてしまう。

病院に運ばれて命は助かったが、入院中も彼の希死念慮は消えたわけではなかった。

「あいつはベッドの上で、枕元にあったナースコールで首を絞めて死んだんだって」

紐状の物を用いて自ら首を絞めて自殺することを〈自絞死《じこうし》〉という。通常は自絞死を試みても、意識消失と共に絞める力が緩むので命が助かるケースが多い。おそらく、内田君は意識を失ってからもナースコールのコードが緩まないよう、何かコードに細工をしたのだろう。覚悟の自殺だったことが窺える。

「トラックに轢かれて膝から下の足、両方とも切断したんだって。足がなくて動けないから……あいつ、そんな死に方を選んだんだ」

彼の死に様を聞いたとき、西島君の脳裏に蘇る思い出があった。

あの日の夜、ノックされて窓を開けたとき、おずおずと「足、あるよね？」と訊いてきた在りし日の内田君。あのとき現れた彼は生身だったのか、それとも、いずれ両足を切断される未来を予知した彼の生霊だったのか。

そして、同じ日の放課後に見た、さんさんと陽の当たるミカン畑で走り回っていた膝から下の両足。あの足は、切断された内田君の両足が、時を超えて過去に出現したものだったのではないか。

「この目で確かに見たはずなのに、あのときミカン畑を走り回っていた足が、子供の足だったのか、大人のそれだったのかが、どうしても思い出せないんだ」

何もかもが終わった現在だからこそ、その意味がわかる怪異。そんな、時をかける怪異のメッセージを正しく受け取れていたならば、内田君が両足を失うことも、ましてや死ぬことも回避できたのではなかろうか。

そんなことを考えて、西島君はときどき眠れぬ夜を過ごすことがある。

出るコンビニ（静岡市葵区七間町《しちけんちょう》）

　鈴木君がそのコンビニの夜勤バイトに応募したのは、時給が高いからだった。

「だってそこ、他のコンビニより時給が三百円も高かったんですよ」

　時給の高さで知られるコンビニ夜勤でも、当時は千円が相場であった。なのに、そのコンビニは時給千三百円だったのだという。

　大学生になってから、イベント設営や交通量調査、ファストフード店やもちろんコンビニなど、たいがいのバイトをこなしてきた鈴木君にとっても、その高時給は魅力的だった。

「コンビニバイトはやることが多いので大変と言われますけど、一度覚えてしまえば体が勝手に動きますからね。そのチェーンは初めてでしたが、他のチェーンでは一通り経験があったので、緊張はしませんでした」

　バイト初日、バックヤードに一歩入るなり鈴木君は違和感を覚えた。

「あれ、なんか部屋が暗いな？　電球が切れかかってるのかと、錯覚したんです。よく見たら、ちゃんと照明は点いていたんですが」

鈴木君と同じく、深夜帯にシフトを入れている年配の男性、木村さんも電球を見上げていた。鈴木君から「電気、なんか変じゃありません？」と声をかけると、木村さんは無言でそっぽを向いた。

「無視かよってムカつきましたけど、バイト先にはいろんな事情の人がいますからね。あまり詮索しないようにしてました」

次に彼が深夜帯のシフトに入ったとき、バックヤードでまたも違和感があった。扉を開けると、照明が不規則に明滅し、電球が切れかかっているようなのだ。

「俺がその部屋に入ると〈ふっふっ〉と電灯が点いたり消えたりしたように思えて、あれっと思って天井を見るとちゃんと点いてるんですよね」

照明を凝視していると点滅しないのに、目を逸らした途端に点滅し始める。再び電球を見つめると何も起こらない。

バックヤードは電球の点滅以外にもなんとなく不気味なところがあった。照明を点けていても、商品棚の裏などは驚くほど闇が濃く、外よりも暗いと思える。また、暖房が点いていてもバックヤードだけは暖かくならず、しんしんと底冷えすることもあった。

「仕事だから仕方ないけど、長居したい場所じゃなかったですね。実際、バックヤードが不気味だと思うのは俺だけじゃなかったようで、夜勤帯のバイトがバンバン辞めていってました」

周囲のコンビニよりも高時給だというのに、バイトが居つかず、常に新しい人が入っては辞めていく。その繰り返しであったという。

「時給がいいから我慢しようと思ってたんですが、俺もすぐに辞めることにしました」

鈴木君が最後にそのコンビニに出勤した日は、またもや先輩バイトの木村さんとのペアで夜勤であった。

「新しいバイトがすぐに辞めちゃうから、必然的に古株の木村さんと組むことが多かったですね」

いつもはふてぶてしいほどに態度の大きな木村さんが、その日の晩は落ち着きを失っていた。

「木村さんが〈バックヤードに行きたくない〉って言うんで、どうしてか訊いたんですよ。そしたら、〈今日はすごく外に出てるから〉って……」

ドリンクの品出しや補充をしなければならないので、鈴木君は仕方なく一人でバックヤードに入った。相変わらず空気が鼻にツンと冷たく感じられるし、ダンボール箱の影がいやに濃く見える。だが、それだけだ。木村さんの職務怠慢《たいまん》については、後で店長にチクれば済むことだ。

気を強く持って冷蔵庫にドリンクの補充をしていた鈴木君の背後で、いつものように照明の光が瞬《またた》き始めた。ふっ……ふっ……と照明が断続的に暗くなる。

またかよ！　でも見たら点滅しなくなるんだろ！

そう思って顔だけ後ろに向け、肩越しに電灯を見上げた鈴木君の手から、補充するつもりのペットボトルが床に落下した。〈ボトルが凹《へこ》んで傷ついたら、売り物にならなくなってしまう〉と彼はぼんやり考えていたが、商品よりも気になることが目の前にあった。

天井の電灯辺りから、何か黒い煙のような物が湧き出している。火事？　否、炎など見えないのに、黒い靄《もや》のような物が滲《にじ》むようにじわじわと空中に広がり始めていた。

「輪郭がモヤモヤしてるので煙かなあと思ったけど、質感はどろっとした液体っぽくて、でも床には垂れてこないんです。その黒いの、天井辺りにずっと漂ってました」

黒い物を凝視した鈴木君は、突如閃《ひらめ》きを得た。

「これ、人だ……！」

黒い物は人の形などしていないのに、何故かこれは死んだ人なのだということが鮮明に浮かんできた。まるで、言語ではない情報を強制的に頭に投げ込まれたようだった。そして、それが間違ってはいないということも同時に伝わって来た。

「うう、わわわわ！」声にならぬ悲鳴を上げて、鈴木君はレジにいる木村さんのところへ逃げ込んだ。

木村さんは「ほら、俺の言った通りだったろ。な？」と言ったきり、どんなに鈴木君が質問しようとも、天井の黒い物について答えてくれることはなかった。

「俺が辞めると店長に伝えたのは、その次の日、シフトが明けてすぐでした」

いつもバイト募集をかけているような店舗だ。さぞかし遺留されると思いきや、店長はあっさりと彼の退職を認め、給料もその日までの分を満額払ってくれたという。

「いきなり辞めるなんて非常識なこと、俺だってしたくはなかったんですよ。でも、あれをこの目ではっきり見たら、もう無理でした」

鈴木君が何より恐ろしかったのは、あの黒い物が電灯の光を遮《さえぎ》ったこと。すなわち、この世ならざる物ながら、それに光を遮る実体があったということだった。

バイトを辞めて暫くして鈴木君が、そのコンビニ前を通ると店は閉店していた。

「バイトも居つかないのに、よく保《も》った方ですよ。俺が見た黒い物が、店舗部分まで出て来て客が見てしまったら、もっと大騒ぎになっていたでしょうね」

コンビニの閉店後、空きテナントに新たな店舗も入らないまま、建物の老朽化もあってそのビルごと取り壊されることが決まった。

「取り壊されたら、あの天井の黒い奴はどうなるのかなって思っていたんですがね。事実は想像を超えてましたよ」

二〇一一年の十月に件のコンビニが閉店し、テナントの入っていたビルが解体されたのが二〇一二年のことであった。

同年二月十四日の午後二時ごろ、ビルの二階倉庫から人の遺体が工事関係者によって発見された。腐敗の進んだ遺体はプラスチック製の衣装ケース内で白骨化しており、毛布をかけられた上から紐で縛られていた。

衣装ケースの中には大量の保冷剤が入っていたという。発見が遅れたのは、腐敗臭が漏れぬよう粘着テープで厳重に隙間が塞がれていたからだった。

鈴木君が怪異に遭遇したコンビニのバックヤードは、白骨化した死体が放置されていた二階倉庫の真下に当たる。

その後、静岡県警の捜査により白骨遺体の身元が判明した。二階の店舗に住み込みで働いていた二十代の女性従業員で、彼女は二〇〇〇年から行方不明になっていた。死体遺棄の容疑者である彼女の元夫も同年に病死しており、衣装ケースに残された指紋が元夫と一致したことから、被疑者死亡で一件落着となった。

現場は静岡駅から徒歩圏内だが駅からは少し離れたところにあり、現在は跡地に新しいビルが建てられている。

鈴木君は〈出る〉からコンビニが閉店したのだと考えていたが、実際には当時、周辺の映画館が閉館して付近の人流が乏しくなったこと、それに加えて近場に同じチェーンのコンビニが新しく開店し、客がそちらに流れたせいもあったようだ。

もしも、コンビニに〈出た〉死者の想いが「遺体を見つけてほしい」ことであったなら、それは叶えられたことになる。彼女の冥福《めいふく》を祈り、筆を置く。

ぎゃあう！（富士山の見える場所）

村井さんは夫の定年退職を機に、夫婦で東京を出ることにした。

「主人の仕事がないのなら、家賃も物価も高い東京に住み続ける理由はないものねえ」

夫婦共に生まれついての東京者ではなかったし、それぞれの父母はとうに他界し、実家の土地建物は他の兄弟が継いでいた。一人息子は家庭を持って自立している。

老夫婦二人きりの身軽な暮らしは良く言えば自由だが、根なし草のようでもあった。

「〈リタイア後は農業でものんびりやりたい〉って主人が言ったのね。本格的に農業に携わる体力はないから、ほんの真似事だけね。自分らの食べる野菜くらいは作ってみようって」

引っ越し先を中部地方にしたのは、新幹線に乗れば一時間ほどで首都圏に出られる、近すぎず遠すぎない距離が決め手だった。首都圏には独立した子と孫や、古い友人が住んでいる。地方で隠遁《いんとん》生活を営むにしても、都会の人々との付き合いをそれなりに保ちたいがゆえだった。

村井さん夫妻は〈すぐに入居可能な、庭付き一戸建て賃貸〉にこだわって物件を探し、一軒目の不動産屋で条件に合う家を見つけた。

「あんまりいろいろ見ても悩んじゃうだけだから、フィーリングで決めたの。賃貸なら、気に入らなければ住み替えれば済むものね」

その家は築二十年ほどの中古の平屋。築年数の割に外見も内装も綺麗であり、敷地の三分の二以上を占める広々とした庭が好印象だったのだという。

「地方っていうのを割り引いても、家賃はすごく安かった。東京に比べればこんなものかなって思ったけどね」

何より気に入ったのは、家から雄大な富士山を眺められることだった。

「もう、富士山の迫力が全然違うの。東京の家からでも、たまに運が良いと富士がちらっと見えることがあったけどね。家からこんなに富士山が大きく見えるのか、さすが静岡県ねって感動した」

村井さん夫婦は、春に静岡の家に越して来た。庭の桜の花が満開になると、青い空を背景にした富士と桜の取り合わせは絶景で、夫婦でここに住んでよかったとしみじみ話していた。

しかし、不可解な現象が起こったのは、住み始めて一週間もしないころだった。

「お隣さんはうちから五十メートル以上離れているから、物音なんて聞こえなくてね。平和で静かすぎるくらいの環境だったのに、その日深夜零時近くにすごい声がしたの」

いきなり耳をつんざいたのは「ぎゃあう！」という叫び声であった。そのとき夫婦は布団を並べて眠っていたが、あまりにも喧《やかま》しいので揃って起きてしまった。

「ぐっすり安眠してたところに悲鳴でしょ、何か事件でも起きたのかって、びっくりしちゃって」

一度だけなら勘違いかと思うところだが、十数秒ごとに「ぎゃあう！」「ぎゃあう！」という絶叫が窓の外から上がった。

何かが叫び声を上げながら、家の敷地内を移動しているようだ。

夫が外へ様子見に出てからも、「ぎゃあう！」と奇声が聞こえたが、声は次第に家から遠ざかって行った。

「庭を一通り見たけど、外には誰もいなかった」と夫は言った。

「次の日は主人に車を出してもらって、街のホームセンターに行ってセンサー式のライトを買ってきたの」

これで、誰かが敷地内に侵入しようとしても、明かりが点くので牽制《けんせい》になる。田舎暮らしだからと根拠なく安心していたが、都会よりは少ないにしろ、地方であっても悪人はいるだろう。家の周囲に踏めば足音の出る玉砂利を敷き詰めるなど、村井さん夫婦は「ぎゃあう！」を契機に防犯対策を念入りに施した。

「それっきりならよかったんだけど、忘れたころに〈ぎゃあう！〉がまた何処かから聞こえてきて……」

その日の夜もまた、何処か遠くから、「ぎゃあう！」という奇声が次第に家に近づいて来る。声は家のすぐ傍を通り過ぎていくようだった。妻はカーテンの隙間から庭を監視していたが、闇の中には何の姿も認められない。踏めば鳴るはずの玉砂利からも音はせず、動く物に反応するはずのセンサーライトも点灯しなかった。

迷惑な夜の悲鳴の正体は何なのだろうと村井さんは頭を悩ませた。

隣人とは物理的に距離があり、普段の付き合いがほとんどないので奇声のことなど訊ける雰囲気ではなかった。

「お隣には、何かあったときのために一応引っ越しの挨拶はしましたけどね。〈夜にぎゃあうって悲鳴がするけど何でしょうか？〉なんて訊いて、越してきたばかりなのに悪目立ちしたくなかったの」

その後も「ぎゃあう！」は不定期に村井さん宅の庭を通り過ぎていった。

夫はパソコンであれこれと調べて「アオサギなどの野鳥は人に似た声で鳴くことがあるというから、きっとそれだろう。早く慣れて、気にしないことだ」と言って済ませてしまった。

「たまにだから我慢できたの。毎日、夜中に〈ぎゃあう！〉とやられたら、心臓がどうかしてしまうもの」

月に一、二回ほど「ぎゃあう！」によって眠りを破られることを除けば、村井さん夫婦の隠遁生活は上手くいっているように思われた。

だが、夏休みの初めに悲劇が起きた。

雨どいの修理中、夫が梯子《はしご》から足を滑らせ落下、腰を負傷したのだ。

「業者を呼びましょうと言ったのに、主人が〈自分で直す〉と言い張ったからこんなことになっちゃって。自分が怪我しちゃ世話ないね。老人の骨折は甘く見ちゃいけないって、車で三十分以上かかる病院に入院することになってしまったの……」

夫が退院するまでの一週間ほど、広い家に村井さんは一人で過ごすことになった。

「悪いことは重なると言うでしょ、これまで静かでいいと思っていたのに、こんなにのどかな場所にもああいう人たちって来るのね」

夫が入院した次の日、村井さんの家の前にいきなり車で乗り付ける者があった。

「それまで宅配か郵便の人しか来なかったから、油断してた。地方だから平気だと思って、訪問者の顔がわかるようなインターホンも付けていなくて」

宅配かしらと村井さんが玄関へ行くと、引き戸の曇りガラスの向こうにスカートスーツ姿の女性が二人立っていた。同性の気安さから、彼女は誰何《すいか》する前に玄関を開けた。

引き戸を開けるやいなや、彼女は気の強そうな中年女性たちに機関銃のように宗教の勧誘文句を捲《まく》し立てられてしまった。

「興味なんかないのに、教義やら何やら一時間近く話に付き合わされて大変だったわ。こんなとき主人がうちにいれば、あの人声が大きいから〈要らん！〉って一喝してもらえたんだけどね」

彼女の優柔不断ぶりからくみし易しと思われたのか、勧誘の女性は「また近いうちに来ます！」とパンフレットを置いていった。

村井さんが夫を見舞った際に宗教勧誘の件を愚痴《ぐち》ったところ、夫が「母さんが不安がっているから、顔を見せてやってくれ」というようなことを息子に伝えたらしく、久々に息子夫婦が二歳になる娘のアッちゃんを連れて会いに来てくれた。

「別に嫁と不仲ってわけじゃなかったの。お互いに忙しくしていて、なんとなく疎遠になっていたから……二年ぶりに孫に会えて嬉しかったわ」

さらに嬉しいことに、村井さんの新居を気に入った孫のアッちゃんが「もっとばぁばのうちに泊まりたい」と駄々をこねたので、孫を三日間預けて息子夫婦は静岡観光に行くことになった。

三日目の昼過ぎに迎えに来るという彼らを、孫と祖母は笑顔で見送った。

「でもね、私、孫に浮かれて忘れていたの。〈ぎゃあう!〉のことを」

毎日、もしくは規則正しく来るのならば忘れはしなかった、と村井さんは言う。

「ぎゃあう!」がやって来るのは二、三日おきのこともあれば、何週間も来ないこともあった。そのときは前回に「ぎゃあう!」が来てから三週間ほど間が空いており、忘れるには十分な時間だった。

可愛い孫の世話にかまけて、充実した日々を過ごしていた彼女が声に襲われたのは、孫が来て二日目の昼過ぎだった。

ぐずる孫をあやして寝かしつけながら、村井さん自身もうとうとしていたとき、「ぎゃあう！」というあの悲鳴に似た声が、次第に家に近づいてきた。

（嘘、夜中じゃなくて昼間に来るなんて！　せっかく寝かしつけた孫が起きてしまうじゃないの）

案の定、次の「ぎゃあう！」で孫は目を覚ましてしまった。

「大丈夫よアッちゃん。あれは少し喧しいけど、我慢していれば遠ざかっていくからね」

村井さんは孫を抱きしめた。

「ぎゃあう！」と大音声が家の真横で聞こえる。

「ばぁば、あの声なぁにー」

孫がくりっとした瞳をこちらに向けて問うて来た。

「ああ、あれは大きい鳥の声よ。五月蝿《うるさ》いけど、じきに庭を通り過ぎるからね」

そう言い終えるなり、「ぎゃあう！」という声が驚くほどに近くで聞こえた。

（嘘、嫌だ。いつも通り過ぎていたのに、孫がいる日に限ってどうしてまだ近くにいるの？）

最早、「ぎゃあう！」は家の中から聞こえてくるようだ。

すぐ近くの、寝室の隣のリビングから「ぎゃあう！」と声がする。

（どうしよう、声の主が家の中に入って来ている？）

村井さんが孫を守ろうとぎゅっと抱きしめたとき、孫の口から信じられない言葉が飛び出した。

「ぎゃあ、う！」

聞くだに悍《おぞ》ましいだみ声は、孫のかわいらしい唇から発せられていた。

「〈アッちゃんどうしたの、ふざけてるの？　あんな汚い声真似しちゃダメよ〉って言おうとしたら、私も」

村井さんの口から「ぎゃ、あう！」という叫びが迸《ほとばし》った。

「それね、言いたくて言ったんじゃないの。何かに無理やり言わされている感じで、しつこく喉にへばりついた痰《たん》を出すときみたいに声を出すのがしんどかった」

十数秒後に孫の顔が苦しげに歪《ゆが》み、またもや「ぎゃあ、う！」と叫んだ。

自分では止められないらしく、孫は涙でうるんだ瞳で村井さんを見つめてくる。

「孫をこんな苦しい目に遭わせられない、来るなら私に来いと思ったの」

孫を励まそうとした彼女の口からもまた、「ぎゃあう！」が迸った。

そのとき、村井さんは何か、目には見えないエネルギーが空気中を孫から自分、自分から孫へと移動していると直感した。

「ヤマ勘なんだけど、おそらく、〈奇声を出させる力〉が声を発しながら何処かからやって来て、家の中に来て孫に入って、孫から私、私から孫へと循環してるような気がした。循環って、どこから……？　って考えたとき、ピンときたのよ」

たぶんそれは、目から入ったに違いない。その仮説を検証するため、孫と見つめ合い、その小さな口から「ぎゃあう！」が発せられた瞬間、彼女は目を閉じた。

（これで、〈ぎゃあう！〉を私の中に閉じ込めた。もう二度と孫には取り憑かせないぞ）

寝室で「ばぁばー」と泣く孫に後ろ髪をひかれつつも、村井さんは懸命に目を閉じたまま移動した。記憶を頼りに間取りを辿り、ドアを開けて寝室を出ることに成功。孫が外に出たら危ないので、寝室の扉は閉めておいた。

「アッちゃんの指を扉に挟まないか、気が気じゃなかったわ。ぎゅっと目を瞑《つむ》って壁伝いに廊下へ行って、まっすぐ行けば玄関に出るんだけど、上がり框《かまち》のところで尻もちをついてしまって」

臀部《でんぶ》を強打した痛みに呻《うめ》きたくとも、口から出るのは「ぎゃあう！」という汚い叫び声であった。

孫を「ぎゃあう！」から隔離できたことで、彼女は満足していた。老いたこの身がどうなろうとも、孫さえ無事ならそれでいい。

痛む腰をかばい、自己犠牲の精神で彼女は玄関から外に出ようと思った。「ぎゃあう！」と止められない吃逆《しゃっくり》の如く喉から奇声を発し、目を固く閉じたまま、彼女は手探りで歩を進めた。

「とにかく、〈ぎゃあう！〉を家から外に出さなきゃと思ったの。目を閉じたまま引き戸を開けようとして、鍵をいじっていたら」

玄関の外からエンジン音がした。誰かがこの家に車でやって来たのだ。

「一瞬、息子夫婦が帰って来たのかと思ったけど、予定は明日のはずだし」

「ぎゃあう！」と奇声を発するのと同時に、彼女は鍵を外して玄関の引き戸を開けた。外の風を顔に受けて目を開くと、玄関前にスカートスーツ姿の中年女性が二人立っていた。二人の顔には見覚えがあった。数日前、宗教の営業にやって来た女性たちだ。

村井さんと見つめあった直後、営業の一人が眉根を寄せ、「ぎゃ、あ、う！」と叫んだ。喉を押さえて苦し気に息をついている彼女を見ていた村井さんも、十数秒後に「ぎゃあう！」と叫んでいた。

「いけない、このままだと私とその女性とで奇声が循環してしまう！　と思って、あの女性がまた〈ぎゃあう！〉と言う前に、私は目を閉じたの」

村井さんは固く目を瞑り、素早く玄関の引き戸を閉めて鍵を掛けた。

靴箱の脇に蹲《うずくま》って外の様子を窺うと、玄関の前から十数秒間隔で「ぎゃあう！」と叫び声が上がった。二人の女性たちが交互に吠えているようだ。

一分ほど「ぎゃあう！」の応酬が続いた後、ばたばたと車のドアを開閉する音とエンジン音がして、急速に遠ざかって行った。

奇声を押し付けることに成功した村井さんは、急いで孫を閉じ込めた寝室に戻った。

「アッちゃん、怖がって泣いてたから、その日はうんと甘やかしておやつをあげたり、見たいだけテレビを見せたりした。けろりとご機嫌になってくれてホッとしたわ」

次の日、息子夫婦が迎えに来たとき、孫は「帰りたくない、もっとばぁばといる」とむずかってくれたので、村井さんは一安心したという。

「ほら、あんなことがあって〈怖いから、ばぁばのうちは嫌〉なんてアッちゃんに言われたら、私は立ち直れないもの」

村井さんの〈「ぎゃあう！」は人から人へ、目を通じて伝播《でんぱ》し循環する〉という推論が正しかったのか。ならば、彼女の夫が奇声を調べに外に出た際、取り憑かれなかったのは何故だろう。

「んー、うちの主人、遠視が強くて普段から眼鏡をかけているの。だから、〈ぎゃあう！〉も眼鏡が邪魔だったのじゃないかしら」

家の壁を通り抜けて侵入してくるような怪異が、眼鏡如きを敬遠するとは信じがたい。

それよりも、村井さん、孫娘のアッちゃん、営業の二人と奇声が伝染したのはすべて女性であったことが気になる。もしかしたら、女性を好んで憑く怪異だったのかもしれない。

その後、村井家に「ぎゃあう！」という奇声は訪れていない。

「あれからは静かなもんよ。あの女性たちが、奇声をうちから他所《よそ》へ持って行ってくれたんだと思うの」

「ぎゃあう！」と叫びながら車で走り去った宗教勧誘の女性たちはその後、どうしているのだろう。

「さあねえ、私は知らないけど、たぶん〈ぎゃあう！〉を他の人に伝染《うつ》して楽になったんじゃない？　こんな婆さんでも気づいたんだから対処方法もわかるでしょうよ。それか、信じているカミサマに頼んで治してもらったかもねえ」

そう言ってチョイ悪な笑みを浮かべた村井さんは、「おーい、母さん」と夫に呼ばれて「はいはい」と家に入って行った。

静岡県と山梨県の県境にまたがってそびえる富士山は、標高約三七七六メートルと日本一の高さを誇る。類稀《たぐいまれ》な美しい山であるが、実はいつ噴火するともしれぬ活火山である。二〇一三年に世界文化遺産に登録され、日本のシンボルとして世界に知られている富士は霊峰としても名高く、そのふもとを聖地と定める宗教法人も多い。

「ぎゃあう！」が何処から発して何処へ去って行ったのかは不明だが、村井さんによると、その奇声はいつも富士山の見える方角からやって来たそうだ。

怪談作家の家（静岡県中部某所）

二〇一九年、私こと神薫の住むマンションの隣室で孤独死が起きた。

隣人は朝にゴミを捨て損ねては次のゴミの日まで放置し、しょっちゅう玄関から腐敗臭を漂わせる迷惑な人であった。そのため、フロアに漂う腐敗臭を私は捨て損ねた生ゴミだと思っていたのだが、実際には腐乱死体の臭いだったというわけだ。

隣人の遺体が運び出された後、暫く廊下などの共有部分にこびりついた腐敗臭に難儀したものだったが、数ヶ月後、床から壁からフルリノベーションされた隣室に新たな借り手がついた。引っ越しの挨拶に来たのは、可憐なお嬢さんであった。変則的な作りのマンションで、私の住む部屋の間取りは家族向け、隣室は独居向けとなっていたのだ。

「綺麗に改装された部屋に綺麗なお姉さんが住んでくれて良かった」と思っていたのだが、じきにまたフロア中にあの、嗅ぎ慣れているがけっして嗅ぎたくない悪臭が漂い始めた。隣室でまた孤独死が起きたわけではない。いつの間にか、隣室に住むあのお洒落《しゃれ》で綺麗なお嬢さんが、ゴミを捨てずにどんどん溜めこむようになったのだ。その悪臭ときたら、前の住人に勝るとも劣らぬレベルであった。

もしかしたら、このマンションの隣室は、誰が住んでもゴミ屋敷になってしまう因縁のある部屋なのかもしれなかった。そんなわけで、数々の怪異（＊1）を体験した思い出のあるマンションであったが悪臭には耐えきれず、転居を考えるようになった。


二〇二〇年の十二月のこと、賃貸サイトを閲覧するうち、家賃の安い一軒家が見つかったので、私は夫と早速内見を申し込んだ。目的の家が小汚かったので断ると、違う家を薦められた。その家が、現在住んでいる一軒家である。

内壁こそは中古でそれなりだが、水場は新しく交換したというその家を私たちは借りた。前のマンションよりも広いのに数千円も安くなった、賢い引っ越しをしたと思ったのもつかの間、この家は怪異の在処だったとわかるのに三ヶ月とかからなかった。

二〇二一年の三月、二階の和室で寝ていた私の周りを歩き回る者があった。

布団を敷いた畳が、ミシッ、ミシッと歩調に合わせて微《かす》かな音をたてる。夫は先に起きて一階に下り、お湯を沸かしているので彼の足音ではない。二人暮らしの家で、私と夫以外に誰がいるというのか。薄目を開けてみても、畳の上を歩く何者かは目に映らない。ただ、畳がミシッ、ミシッと何者かの移動に合わせて鳴っていくだけである。

どうやらそれは布団を踏まないようにして、寝室の畳部分を歩いているようだ。

上から見ると、私の周囲を時計回りに歩いていることになる。ミシッ、ミシッ。寝室の入口付近にある私の顔の左側から歩き始め、私の足の方を回って、いまや右手の横を歩いている。ミシッ、ミシッ。もうすぐ、それが布団の周りを一周してしまう。回り終えたらどうなってしまうのだろう。

それは、私の頭頂部のすぐ傍で歩を止め、力強く言った。

「ヨシ！」

その直後、足音は聞こえなくなった。何が「ヨシ」なのかわからないが、「悪《あ》し！」と言われるよりはましだろうと思うようにしている。


同年の四月、二階の寝室で目覚めると家の中のどこかから、「スーッ、スーッ」という寝息のような音が聞こえた。夫は先に起きて一階でコーヒーを淹れている。

二人暮らしの家で、夫でも私でもない寝息などあり得ない。

いよいよ幻聴が始まったのだろうか？　夫を呼ぶと、彼にも「スーッ、スーッ」という寝息のような音が聞こえると言う。自分だけの幻聴でないとわかって安堵したのもつかの間、「ではこの寝息は誰が出しているのか」という問題が浮上した。ネットを調べると、「霊です」、「天井などに入り込んだ猫やハクビシンの寝息でしょう」と諸説ある。窓から確認したが、屋根に猫などは乗っていない。

よくよく聞くと、寝息は一階からしているようだ。

一階のあちこちを調べて音の出どころを突きとめたとき、唐突に寝息は止んだ。

この家の風呂場はリノベーションされて床と壁、窓にバスタブなどすべて新調されている。その新しくされた壁の中から、寝息は聞こえてきていたのである。

調べるうち、妙なことがわかった。風呂場の内側からは窓が一つしかないが、家を外から見ると、風呂場に窓が二つ存在するのだ。しかし、開くのは新しい方の窓のみで、古い方の窓ははめ殺しである。内側から見ると、古い窓のあった場所はただの壁になっている。つまり、窓は何らかの理由によって塗りこめられているのだ。

古い窓のガラス部分には、内側からベニヤ板のような物が打ち付けられていて中を覗くことは出来ず、塗りこめられた壁の間に何かがあるのか、それともただのからっぽの空間なのかは不明である。

塗りこめられた窓の存在が判明してからは、謎の寝息は聞こえてこない。

前述した二つの怪異は、不可解ではあるが一度こっきりで二度とは起こっていない。

この家にはさらに、内見から入居一年となる現在まで続く、不愉快な怪異が在る。

それは住み始めてすぐに気づいた、二階の洋室から漂う老人臭だ。それは以前この部屋に住んでいた老人が、ここで亡くなったのかと思うほどに強烈だった。

内見のとき、この洋室にだけ消臭グッズが置かれていたのが気になっていながら、面倒で実際に臭いを確認しなかったのを後悔した。

「老人が今もこの部屋にいるみたいに、すごく臭うね」という夫の意見に頷く他はない。

洋室がとても臭うことから、私は出来るだけこの部屋に入らないようにしていた。

入居して一ヶ月くらいは、様々な消臭スプレーを壁にさんざん噴きつけてみたのだが、老人臭には全く効果がないので諦めたのだ。

住み始めて一年が経過した現在、私は怪談の原稿をその洋室に設置したパソコンで入力している。何故なら、忌避《きひ》するほど濃厚だった臭いが微かになったからだ。

新しく消臭剤を置いたのではない。換気の効果は少しはあったろう。

最大の理由は老人臭が移動したことだ。

蠟燭《ろうそく》と腐ったサバをまぜこぜにしたような酷い老人臭は、現在一階の廊下を漂っている。一階の廊下には、二階から持ってきた物などないのに、である。

この家には私と夫の二人暮らしで、二人ともそろそろ加齢臭がしてもおかしくない年頃であるが、お互いに枕を嗅いでみても、むせ返るような老人臭は臭ってこない。

そのせいで、「洋室にいた老人の霊が、何らかの理由で一階の廊下に移動したんじゃないのか」という妄想が、どうにも頭から消えてくれない。


たった一年で数々の怪異体験をさせてくれた我が家だが、事故物件情報サイト「大島てる」（＊2）で確認するとノーマークで、一応は瑕疵《かし》物件ではないことになっている。

さもありなん、孤独死があり腐敗臭がすごかった前のマンションも、大島てるではノーマークなのだ。いかな優れたサイトであっても、物件の情報提供者がいなければ、そこが瑕疵物件と知られることはない。

二階から一階へ移動する老人臭、二階を歩き回り「ヨシ！」と言った男の声、一階の封印された壁から聞こえる寝息。これらを総合すると、何らかの推論が導き出されそうだが、私は考えるのを止める。駅から徒歩圏内であり、家賃が安くて部屋も広い、こんなに条件の揃った物件はそうそうないからだ。

瑕疵物件には、不利益な情報であっても住人に告知しなければならないという、法的義務がある。それなのに、紹介を受けた不動産屋から私は何も聞かされていない。ならばそういうことなのだと思うようにして、これからも私はこの家で暮らしていく。

（＊1）持病で寝ていると、寝室に布団をばさばさ投げ落としたり、しつこく〈大丈夫？〉と尋ねてくる何かが出現。詳細は「FKB怪幽録 骸拾い」収録「あとがき」参照。
また、別の日には怪談執筆中に後ろにあるクローゼットが殴られる、二階の窓が外からノックされるなどの怪異を体験。詳細は「瞬殺怪談 刃」収録「実害怪談」参照。

（＊2）事件や事故、孤独死で腐乱状態であったなどの瑕疵物件に炎のマークを付けている事故物件情報サイト。

穴　（富士山の見える場所）

数年前、原田さん一家は神奈川県から静岡県に転居した。

「長年、静岡県で一人暮らししていた遠い親戚が亡くなりまして、他に身寄りがなかったもので、うちの父がその家を相続したんです」

原田家の長女、真澄さんはその話を聞いて「孤独死」や「事故物件」という言葉を想像したが、聞けば親戚が亡くなったのはその家ではなく、病院に運ばれてからだという。

「売るにしても一度見ておこう」という父親の提案で現地に行ったところ、そこには思ったよりも立派な家が建っていた。

「木造の一戸建てでそれなりに古いんですけど、良い木材が使われているのがわかりました。それまで住んでた鉄筋コンクリート製のマンションとは、通る風の心地よさが段違いでしたね」

雄大な富士山を眺められる緑豊かな庭のある家を両親が気に入り、一家揃っての転居を決めたのだった。

「東京から離れて、環境を変えたかったのもあると思います。弟のために」

長男で高校生の臣吾君は、不登校から引きこもりになっていた。都会を出て自然に触れることで、プラスの変化を期待したのだろうと真澄さんは言う。

そんな真澄さんも、就職した会社がパワハラ体質で心を病みかけて退職し、当時は求職中の身だった。

「父の仕事はネット中心なので何処でも出来るんです。華やかな都会を離れるのは少し寂しくもありましたけど、一生そこに住むわけでなし。家族みんなで田舎暮らしも悪くないんじゃないかって」

一家四人がその家で暮らし始めたのは、早春のことだった。土地の境界はぐるりとコンクリート製の塀に囲まれ、その外側に林が広がっている。

「陸の孤島は言い過ぎかもしれませんが、車を三十分ほど走らせなければスーパーも何もないところでした」

マンション住まいの上下左右からの喧噪《けんそう》に慣れた耳には新鮮に思えるほど、その家は静けさに包まれていた。

「まだ肌寒いせいかな、と思ったんですけど、その家には虫が全然いなかったんです」

日本家屋は隙間が多いので「ゴキブリなどの不快害虫が出るのでは」と気がかりだった真澄さんだが、その家に移り住んでからというもの、虫の姿を全くと言っていいほど見ることはなかった。家の周囲に植物が豊かに生い茂っているのにである。

「そういえば、その家で鳥の鳴き声も聞いた覚えがないですね。住んでる私たち以外に、およそ生き物の気配がしないところでした」

その家に住んで一週間ほど経ったころ、真澄さんは市内にアルバイトの口を見つけた。

「社会復帰のリハビリも兼ねてバイトをしたい」と言うと、両親はもろ手を挙げて賛成してくれた。面接の結果、即採用の運びとなり、彼女は週三日、職場まで片道三十分の距離を軽自動車で通勤することになった。

真澄さんの新生活は順調にスタートを切ったかのように見えた。

「私が働きだしてから、なんとなく家の雰囲気が変わっていったんです」

食事と風呂トイレ以外はずっと自室に籠《こも》りきりだった弟の臣吾さんが、庭へ出るようになったのだ。

「真澄が働いてる姿を見せてくれてるから、刺激になったのかもね」と母親は喜んでいた。最初のうちは、真澄さんも弟の変化は良い兆《きざ》しだと思っていたのだが、そのうち雲行きが怪しくなった。

「弟が、庭にめちゃくちゃ大きな穴を掘ったんです」

弟は親戚の遺した手つかずの物置を漁《あさ》り、そこからスコップを持ち出して、遮二無二《しゃにむに》庭を掘り返し始めたのだという。

「引きこもりで体力もそんなにないはずなのに、あの子何時間もぶっ続けで庭の土を掘っていたんですよ」

家から見て右側の塀のすぐ傍に、直径は一メートル、深さは二メートルほどの穴を弟は半日ほどで掘った。まるで落とし穴のようでもあるが、越したばかりで訪れる者もろくにない家で、誰を落とすつもりなのか。

「どうして庭に穴を掘るの?」と家族はしきりに弟に尋ねたが、答えが返ってくることはなかった。

「元々口数は少ない子でしたけど、穴に関しては異様なほどにだんまりでした」

ただ、母親が「臣ちゃんが大きい穴を掘ってくれたから、生ごみを埋めてもいいかしら」と持ち掛けたところ、温厚な弟には珍しく「絶対にダメだ!」と激高したという。

次の日になると、弟は前日に掘った穴と家を挟んで対称になる場所、塀の左側を掘り始めた。その日、バイトが休みだった真澄さんは、二階の窓から弟の奇行を見ていた。

「昨日あれだけ作業したら酷い筋肉痛だろうに、あの子、休憩もせずに頑張って穴を掘ってたんです。そんなに根気強かったなんて知らなかった」

穴を掘る理由は依然わからなかったが、原田さん一家は弟の行動を好意的に解釈していた。自ら庭に出て運動しているのだから、不健康に動かず自室に閉じこもっているよりはいいと考えたのである。

その日も直径一メートル、深さ二メートルほどの穴を掘り終えると、弟はシャワーを浴びて飯を食らい、自室でごうごうといびきをかいて眠った。

「弟が体を動かすのはいいことだと思っていたけど、そのころから家の居心地が明らかに悪くなっていったんです。上手く言えないんですけど、家族以外の誰かが家にいるみたいな感覚があって」

人間には、感覚遮断性幻覚という現象が起き得る。聴覚視覚などの感覚刺激のない場所に長時間おかれると、人はその刺激のなさに耐えられず、幻覚を生じさせてしまう。

真澄さんは、賑やかな都会から静かすぎる地方に越してきたので、自分にも感覚遮断性幻覚に似たようなことが起きたのだと思った。辺りに刺激がなさすぎるから、家族でもない者が家にいるような幻覚が生じているのだと。

弟が穴を掘り始めて三日目のこと、弟は家の裏庭の右に偏《かたよ》った場所を掘り返し始めた。今度は円形ではなく、楕円形《だえんけい》をしており、最初の二日間に掘ったものより倍ほども大きな穴だった。

四日目、弟は楕円形の大きな穴を完成させた。

弟は引き続いて家の裏庭の左側に、三日目のと左右対称になる楕円形の穴を二日間かけて掘ってみせた。

「そのときから、家の中が落ち着かなくなりました。弟の穴掘りのせいで両親が喧嘩してしまって」

生まれてこのかた、真澄さんが両親の喧嘩を見るのはそれが初めてのことだった。

「あんな意味のないことは止めさせよう」という父親の主張に、「あの子が久しぶりに打ち込めることなんだし、他所《よそ》様に迷惑をかけてはいないのだから、見守りましょう」

と母親が反論する。渦中の弟はこの日もいびきを響かせて睡眠中だ。

弟が家に持ち込む土汚れを、せっせと掃除洗濯しているのは母だった。合理的に考えるなら父親の意見に賛成な真澄さんも、子を想う母親の心情を無下《むげ》にしたくはなかった。

言い合う両親を仲裁しようとおろおろするうちに、真澄さんは違和感を覚えた。

「今、この家に家族じゃない人がいて、私たちの諍《いさか》いをニヤニヤと眺めている、そんなイメージがふと頭に湧いてきたんです」そこで、彼女は両親に話しかけた。

「ねえ、お父さんお母さん、この家にいるのって私たちだけだよね？」

「もちろん、そうだよ」「何言ってるの？　変な子ね」

真澄さんの突拍子もない質問に虚を突かれたのか、両親の言い争いは止んだ。

その次の日のこと、夕方にバイト先から帰宅した真澄さんは、家の前で呆然とした。

「玄関前に、どーんと大きな穴が掘ってあったんですよ」

これまでのように壁際や裏庭ならば、そうそう行き来することもないから構わない。

だが、玄関前では気を抜いたときに躓《つまず》くかもしれず、危険ではないか。

「さすがにこれはまずいんじゃない？　って母に言ったんですが……」

弟に肩入れする母は、「あの子の気が済むまでやらせてあげましょう」と言うばかりだった。ならば、と父を見れば、無言で俯《うつむ》くばかりだった。

その翌日のこと、真澄さんが夕方に帰宅すると、玄関前に左右対称の大穴が二つ完成していた。いずれも深さは二メートルほどもあり、うっかり落ちたら骨折してしまいそうな深さだ。

両親はめっきりふさぎ込んでしまい、弟の奇行を黙認することに決めたようだ。

穴について話し合おうにも、弟は自室でいびきをかくばかり。

真澄さんは深いため息をつき、風呂に入ることにした。

ところが、脱衣場で下着を外すとき、彼女のうなじに生暖かい空気が吹きかけられた。

「反射的に胸を隠して振り返ったんですけど、私以外には誰もいなかったんです。脱衣場には窓も空調もないので、どうしてそんな空気の流れが起きたのかわからなくて」

だが、彼女の頭にははっきりとした像が浮かんでいた。

「割と歳のいった男の人が、ニヤニヤしながら私の首の辺りに鼻息を吹きかけてくるイメージでした」

そのイメージは白昼夢のようにありありと脳裏に浮かび、彼女は困惑した。

「この家に移ってきてから、私は変になりかけているのかな、と」

いつもは夢も見ずにぐっすり眠る彼女だが、この日は名状しがたい不安から、まんじりともしなかった。


翌日、寝不足でバイト先に向かった真澄さんは店長から呼び止められた。

「原田さん、すごい顔色だよ。今日は私がなんとかするから休んだ方がいい」

そんなわけにもいかないですし、と仕事着のエプロンを着用しようとした真澄さんの手を止めて、店長は言った。

「気のせいかと思ったけど今日、確信した。間違いない。原田さん、死相が出てる」

シソウってなんだろう。思想？

首をかしげた真澄さんに、店長は断言した。

「このまま放っておいたら、あなた死ぬよ」

死ぬ……私が？　どうして？　戸惑《とまど》う真澄さんに、店長は続けた。

「私じゃ助けられん。でも、私の従妹《いとこ》にそういうのがわかる人がおるから、良かったら電話で話してみなよ」

真澄さんがためらっているうちに、店長は電話を掛けていた。

「ああ、出てくれて良かった、私だけど今、ちょっと話せる？　電話代わるね」

半信半疑ながら携帯を受け取ると、電話の向こうから凛《りん》として涼やかな声が聞こえてきた。

「突然ごめんね、時間がないからよく聞いて。あなたの家で今、男の人が庭に穴を掘っているでしょう？」

真澄さんは驚愕《きょうがく》した。弟が憑かれたように穴を掘り続けていることは、家族だけの秘密であり、バイト先の店長にすら話していなかったのだ。

「どうして、わかったんですか？」

真澄さんの問いに彼女は「見えたから」と答えた。

この女性《ひと》、本物かもしれない。真澄さんは気を引き締めて携帯に耳をすませた。

「あなたたち一家は最近そこに越してきたんでしょう」

はい、と答えると、店長の従妹は真澄さんを待ち受ける運命を宣告した。

「あなたの家の建つ土地には、良くない物が潜んでいる。それは封印されていたのに、もうじき解放されてしまう。完全に出て来てしまったら手遅れだよ」

弟が庭に穴を掘ることで、良くない物が家の住人に力を及ぼすようになったのだと彼女は言った。常人よりも心が傷つき弱っていた弟は、最初からそれに操られ、穴を掘るように仕向けられている可能性もあるという。

相槌を打つ真澄さんに、彼女は続けた。

弟が最初に家の右の壁際に掘ったのは、良くない物の右耳の穴。

次の日、家の左の壁際に掘ったのが左耳の穴。

その次に裏庭の右側に掘った、楕円形の穴が右目。

そのまた次の日に、裏庭の左に掘ったのが左目。

「目が出来たころ、あなた、家の中で誰かに見られてる気がしなかった？」

つい先日、玄関前に掘られた穴は右の鼻の孔。

その横に、対になるように掘られたのは左の鼻の孔。

では、脱衣場で下着を外したときに生暖かい空気がうなじに当たったのは、鼻息だったの？　真澄さんはそのとき初めてゾッとした。

「鼻まで完成してしまっている。今、良くない物の口にあたる穴が出来つつある。口を掘り終えて庭に顔が完成したとき、あなたたちはそれに命を取られる」

そんな……それじゃ、どうすれば？　パニックになった真澄さんを落ちつかせるように、穏やかな、だが強い声で彼女は言った。

「穴を掘るのを止めさせて。庭の穴を元通りに全部埋め戻して。上手くいくように、私も遠くから祈るから。今すぐにやって」

もっと聞きたいことがあったのに、そこで通話は切れてしまった。

横で聞いていた店長にも聞こえていたのか、「今日は休みな！　店のことは私がやっておくから」と言われ、真澄さんは急いで父親に電話をかけた。

アルバイト中なのにどうしたのかと問う父親に、真澄さんは金切り声で叫んだ。

「お父さん、一生のお願い！　臣吾を止めて。穴を掘るのを今すぐ止めさせて」

いきなりどうしたのかと心配する父親に、真澄さんは畳みかけた。

「とにかく今すぐ、庭の穴を埋め戻して！　そうしないとみんな死んじゃうよ！」

娘の勢いに気圧《けお》されたのか、父親は「わかった」と答えた。

「私も今からすぐ家に帰る」と言い、真澄さんは通話を切った。

車を飛ばして三十分後に家に戻ると、エンジン音に気づいた母親が小走りでガレージにやって来た。

「真澄、どういうこと？　あなたの電話の後、お父さんと臣吾が喧嘩して……」

運転席から飛び出して庭へ踏み込むと、父親と弟がもみ合っていた。スコップの取り合いをしているが、父親の方が分が悪い。

「弟が、見たこともないような醜い顔で唸《うな》っていて……父に加勢しようと思って、私、弟を後ろから蹴ったんです」

急所を蹴られた弟が悶絶しているうちに、真澄さんはスコップを奪って裏庭にある物置に仕舞いに行った。

「スコップがなくても、弟は素手で土を掘ろうとしてました。ものすごい執念でした」

固い地面を力いっぱい引っ掻いた弟の指から、たちまち何枚も爪が剥がれる。それを見た母親が悲鳴を上げ、原田家は混乱に包まれていた。這いずる弟を父親が羽交《はが》い絞めにして地面から遠ざける。

真澄さんが家から持ってきた布団とガウンの紐により、弟は拘束された。

「父は仕事上、業界にコネがあったので建設機械の業者をすぐに呼んでました」

数時間後、原田家に父親から依頼した業者がやって来た。

「トラックに山と積まれた土を見たら、母がぺたんと座り込んで泣き出したんです」

真澄さんが母親に肩を貸して助け起こすと、母親は涙を拭いながらこう言った。

「あの子が毎日あんなに掘ってた庭なのに、掘り出した土が何処にもない。なくなってた。どうしよう、怖い」

母親によればこの一週間、弟は庭を掘り終えるとスコップを玄関に立てかけてシャワーを浴び、飯を食べて寝る毎日だった。家と庭を往復するだけで、敷地の外へは出ていないという。

弟が毎日二メートルも掘り返していたのなら、庭には土が山となっていなければおかしい。それなのに、庭の何処にも土山がない。

弟が掘り出した土は何処へ消えたのか。

「そういえば、バイトの休みの日に一度、弟が庭を掘るのを私も見ましたが、掘っても掘っても、土は溜まらなかったですね。サーッと庭中に広がって均《なら》されてしまうようでした」

この家で理屈に合わないことが起きている。母と娘は抱き合って震えた。

「弟は布団でぐるぐる巻きにされてからも、しつこくもがいてましたけど、業者が穴を埋め戻してくれたら、やっとおとなしくなりました」

消えた土の謎は解けていないが、穴を埋めてから、その家に家族以外の誰かの気配がすることはなくなった。

ぐったりした弟の拘束を解くと、しきりに爪の剥がれた手を痛がる。

自ら素手で地面を毟《むし》っておきながら、弟は七日間、自分が一心不乱に穴を掘っていたときのことを何も覚えていなかった。

医学的に、意識を失っていた人が目覚めるとき、最初に回復するのは聴覚である。原田家の土地から危うく解き放たれるところだった〈良くない物〉も、まず操った相手に耳から掘らせていることが、その事実と符合するようだ。

余談だが、臨終の際、人に最後まで残っている感覚も聴覚である。亡くならんとする人に「呼びかけてあげて」というのは、聴覚が死の寸前まで残存している可能性が高いことによる。

この話をまとめるにあたって、真澄さんのバイト先の店長に電話取材を申し込んだ。

取材は受け入れられたものの、「あわよくば、霊感の強い従妹を紹介していただこう」という目論見《もくろみ》は潰えた。

「従妹は霊能者としての活動がとても忙しくて、本当に困っている人としか話しませんので！」

そう言われては、残念だが引き下がるしかない。

追加取材で真澄さんの話にはなかった、気になる情報を一つ伺った。

店長の従妹の霊視によれば、原田家が相続した古い家には祠《ほこら》があるという。

それは、力のある神社から勧請《かんじょう》した神の使いを祀《まつ》っていた、その家に住む者が代々大切にしてきた祠であった。しかし、その家の前の住人である真澄さんの遠い親戚には祭祀《さいし》を引き継ぐ子孫がなく、本人も急病で亡くなってしまった。

祀る者なく打ち棄てられた祠は、家や土地を護《まも》る力を失った。それで、土地に封じられていた〈良くない物〉が、弟にちょっかいを出した……ということらしい。

何故、祠のことを真澄さんに伝えなかったのか？　と問えば、「もう伝えた」と言う。

穴が作られているときは緊急事態なので言わなかったが、庭を埋め戻してから「祠を祀り直さないと、また同じことが繰り返されるかもしれない」という従妹の話を、店長から真澄さんに話したそうだ。

「原田さん、それからうちのバイトも辞めてしまって、もう付き合いはないんです。うちも客商売だから、店名とかは出さないで下さいね。霊感とかそういう色眼鏡で見られると困るので、お願いしますよ」

店長への取材はこれにて打ち切りとなった。


その後を尋ねる体で、改めて真澄さんに連絡を取ってみた。何故、彼女が体験談で祠の存在に触れなかったのかが、気になったせいもある。

「あ、うちに祠ですか？　ありましたよ。店長の従妹さんが教えてくれた通り、物置の裏にありました。言われなければ、そんなところにあるなんて気づかなかったですね、たぶん」

祀らないと再び良くないことが起こるのでは？

そう問うと、彼女はくつくつと笑った。

「あー、いいんですよ祠なんて。私たち、今はあの家には住んでませんので」

彼女たち一家は、空き家のまま所有していた元のマンションに戻ったのだという。

「静岡のあの家、状態はいいし、富士山が見えて景色もいいでしょう。だから、何も知らない人には高く売れると思うんです」

原田家は相続した一軒家を売りに出すつもりなのだ。

「風評で値段が下がったり売れなくなると困りますので、うちの住所は絶対に書かないで下さいね」

最後に、現在その家の祠はどうなっているのか尋ねたところ、彼女は何の感情もこもっていないような、乾いた声で答えた。

「別に何もしてませんよ、もう住まないんだから。私には関係ないことなので」

丈の長い雑草に埋もれたまま、祠はいまだその家の裏庭にある。そして、その土地に眠る物も、おそらくそこに。

あとがき　サイレントヒルへようこそ

私の出身地、静岡県は東海道により昔から東西の人の往来が盛んな土地であった。現在においても、全国の文化が広く混じり合う地として知られている。

東部、中部、西部から成る静岡県だが、この三つの地域はその成り立ちや文化がそれぞれに異なる。その歴史は古く、伊豆の国、駿河の国、遠江《とおとうみ》の国が平安時代にはすでに成立していたという。

鉄道であれ車であれ、静岡県を通過することがあれば、誰もがその長さに驚くだろう。ドライブしていたらいつまでも静岡県、鉄道に乗っていたらどこまでも静岡県という体験談は枚挙にいとまがない。

そんなバラエティに富む静岡の怪談をまとめるにあたり、私はかつての「静岡怪談BAR」の参加者に久しぶりに連絡をとった。

静岡怪談BARとは、二〇一一年にライブハウス「騒弦」で第一回が開催され、以降も同じ場所で不定期に開かれていた怪談会だ。語り手と聞き手を厳密に区別せず、ベテランあり飛び入りありでわいわいと盛り上がるイベントであった。現在はコロナ禍もあって長らく休会中なのが残念だ。

当時の語り手のうち、何人かが音信不通になっていたのは痛手だったが、再録譚は可能な限り関係者に再取材の上、加筆修正を行った。

再取材の過程では、こんなこともあった。

私がAさんから聞いたと思っていた怪談を再取材したく、その旨Aさんにメールを送る。

Aさんからの返事には「あれは怪談BARで聞いた話ですけれど、僕ではなくBさんの話でしょう」とある。

Bさんに問い合わせをすると「あれは俺も聞いたことあるけど、Cさんの話だと思う」と言う。

改めてCさんに連絡したところ、「私じゃないです。確か、Aさんが話していましたよ」となって、堂々巡りになり、語り手が判然としないのである。

「怪談BARの第三回で聞いた話だ」と参加者全員が証言していながら、肝心の語り手がわからない。たまたま記憶違いがあったにしても、参加者全員をもってして、話の内容は覚えているが、語り手を誤認してしまうとは面妖《めんよう》な体験だった。

実際に怪奇体験された方の取材にこだわったため、本書は静岡の心霊スポットを網羅するものではない。

だが、私のこれまでの執筆活動は「静岡在住の方による、静岡における怪異談」をメインに集めた物であるから、「静岡怪談」に興味をお持ちの方は、ぜひ神薫の既刊にもあたっていただければ幸いである。

最後に、遅れがちな原稿を見守り導いて下さった編集の中西様、同業にして貴重な体験談を提供して下さった神沼先生、執筆の間、家事全般を引き受けて協力してくれた家族、そして読者の皆様に感謝します。

二〇二二年　神　薫

sometimekillyou@gmail.com
twitter　@joyblog
http://ameblo.jp/joyblog/

参考文献・ウェブサイト

『静岡のむかし話』静岡県むかし話研究会編（日本標準）1978
『日本の民話4 伊豆の民話』岸なみ編（未来社）1957
『遠州の民話 ふるさと再発見』加藤修一（静岡新聞社）1993
『遠州七不思議』石野茂子（玲風書房）2003
『しずおか妖怪・奇談を訪ねて 現代に残る不思議スポット』静岡新聞社編（静岡新聞社）2016
『川津のむかし話』稲葉修三郎、相馬友雄編 2019
静岡新聞 2012

掛川市 小夜の中山
https://www.city.kakegawa.shizuoka.jp/gyosei/docs/8917.html
小泉屋 遠州七不思議 夜泣石と子育飴
http://koizumiya.com/html/page3.html
日本の奇岩百景プラス 西伊豆の奇岩群
https://www.web-gis.jp/GS_Kigan100/K100-GR03/Kigan100_gr03.html

戦捜録　静岡陸軍墓地
http://www1.linkclub.or.jp/~oya-wm/suzuagyfile/sizuagy.html

大島てる
https://sp.oshimaland.co.jp/

するが企画観光局HP　霊山寺
https://www.visit-shizuoka.com/spots/detail.php?kanko=530

駿河湾百景　霊山寺
https://www.surugawan.net/guide/871.html

お米の知恵袋　2021年みかんの生産量ランキング
https://okome-chiebukuro.com/mandarin-orange-yield-ranking-2021/

ボタニーク　ミカン
https://botanique.jp/cultivation/plt00845

文学通信　第三回　産女が姑獲鳥に変わるとき 木場貴俊の新・怪異学入門
https://bungaku-report.com/blog/2020/04/--1103.html

富士山世界遺産センター　世界遺産・富士山
https://www.fujisan-whc.jp/about/heritage.html

静岡怪談

2022年3月7日　初版第1刷発行

著者……………………………………………………………………………神　薫
デザイン・DTP　……………………………………荻窪裕司(design clopper)
企画・編集　………………………………………………………………Studio DARA

発行人…………………………………………………………………………後藤明信
発行所……………………………………………………………………株式会社 竹書房
〒102-0075　東京都千代田区三番町８－１　三番町東急ビル６F
email：info@takeshobo.co.jp
http://www.takeshobo.co.jp
印刷所……………………………………………………………中央精版印刷株式会社

■本書掲載の写真、イラスト、記事の無断転載を禁じます。
■落丁・乱丁があった場合は、furyo@takeshobo.co.jp までメールにてお問い合わせください。
■本書は品質保持のため、予告なく変更や訂正を加える場合があります。
■定価はカバーに表示してあります。
©Kaoru Jin 2022
Printed in Japan